WULIANWANG JINRONG FAZHAN JI
YINGYONG QIANJING YANJIU

2018江苏省社科应用研究精品工程重点项目（项目编号：18SYA-034）
南京三宝科技集团有限公司委托研究项目

物联网金融发展及应用前景研究

沙 敏 乔桂明 陈一鼎/著

图书在版编目(CIP)数据

物联网金融发展及应用前景研究 / 沙敏,乔桂明,陈一鼎著. —苏州:苏州大学出版社,2019.3(2019.10 重印)
ISBN 978-7-5672-2707-1

Ⅰ.①物… Ⅱ.①沙…②乔…③陈… Ⅲ.①互联网络-应用-金融-研究 Ⅳ.①F830.49

中国版本图书馆 CIP 数据核字(2018)第 295730 号

物联网金融发展及应用前景研究

沙 敏 乔桂明 陈一鼎 著

责任编辑 薛华强

苏州大学出版社出版发行
(地址:苏州市十梓街 1 号 邮编:215006)
镇江文苑制版印刷有限责任公司印装
(地址:镇江市黄山南路 18 号润州花园 6-1 号 邮编:212000)

开本 700 mm×1 000mm 1/16 印张 11.75 字数 205 千
2019 年 3 月第 1 版 2019 年 10 月第 2 次印刷
ISBN 978-7-5672-2707-1 定价:42.00 元

苏州大学版图书若有印装错误,本社负责调换
苏州大学出版社营销部 电话:0512-67481020
苏州大学出版社网址 http://www.sudapress.com
苏州大学出版社邮箱:sdcbs@suda.edu.cn

前言

中小企业融资难、融资贵的问题是我国当前经济发展的痛点，也是我国学术界乃至世界各国学术界关注的重点议题，无论从什么视角去研究，不管是内部还是外部，宏观还是微观，实践还是理论，中小企业融资难、融资贵的根本原因是"金融错配"，而造成这种"错配"的本质是金融机构与实体经济供需双方之间存在的信息不对称。我国银行信贷部门审批流程相对传统，因注重通过资产抵押和政府信用担保等方式开展业务，存在供给效率低、管理成本高、覆盖范围有限等劣势。而具有物联网、大数据等新技术优势，掌握先进金融科技特征的金融机构，则可以结合交易记录、客户评价、动产业务创新等实现信贷评价体系再造，做出前瞻性信贷业务评估，用技术创新化解民营企业贷款困境，这是优化金融供给结构，让市场发挥资源配置作用的有效方式。

物联网、大数据、人工智能等一系列新一代信息技术的发展和应用，开启了金融科技——FinTech 的新时代，为金融行业和实体经济相融合带来了巨大的合作空间，大大增强了创新型国家通过现代金融服务实体经济的能力。物联网获得快速发展的最大动力在于现实场景的应用，尤其是在金融领域铺设应用场景，可以让虚拟经济从时间、空间两个维度全面感知实体经济的行为，让虚拟经济的服务融合于实体经济的每一个环节，进而推动金融模式的革新。物联网金融是物联网和金融的深度融合，物联网金融凭借"客观验证""普惠金融"特质，形成以客观信用为基础的金融新业态，通过推动资金流、信息流、实体流三流合一，深刻而深远地变革银行、证券、保险、租赁、投资等众多金融领域的业务模式，开启全新的客观信用金融新时代，解决了经济活动中信用确认、结算复杂等难题，增强了企业可用资金，减轻了企业财务管理负担，提高了企业运营效率。

目前，我国物联网金融主要创新模式有：（1）仓储物联网金融。仓储物联网金融是在仓储金融基础上发展起来的金融服务，是借助物联网技术对仓单质押、融通仓、物资银行等服务的进一步提升。借助物联网技术，可以对仓储金融的监管服务实现网络化、可视化、智能化，使得过去独立的仓储金融服务得到发展，也可使金融创新服务风险得到有效控制。（2）货运物联网金融。货运物联网金融是在货运车联网技术的基础上创新的金融服务，货运物联网金融服务由华夏物联网研究中心首先提出并进行了很多开拓性研究。借助于货运物联网金融服务，可以通过双向管理（金融管理与物联网管理）手段和复合金融卡技术（RFID卡与银行卡合一），面向货运车辆，实现一车一卡，集成卡车运营中的一切商务活动，进行金融服务创新。如集成加油服务，可实现庞大客户群的加油团购，使得持卡加油获得大幅优惠，随着发卡量的增多，客户群会越来越大；如集成卡车保险服务，可实现庞大客户群的保险团购，使得客户群远远大于车队规模，可获得大幅保险优惠，让保险公司与车主获利；等等。货运物联网金融可集成与整合的服务众多，创新空间巨大。（3）公共服务物联网金融。如在远程抄表系统的智能卡上集成金融服务，可以实现远程金融直接结算，为控制风险，可增加手机或网络实时授权确认功能。这项金融服务可在燃气、水表、电表等公共服务上应用，完全可以集成在同一张卡上，借助于金融卡的集成作用，打通各个公共服务物联网，实现各个专业的、孤立的物联网之间的共享服务。随着物联网技术的不断完善，物联网金融模式将获得更大的发展。

科技金融将是21世纪金融革命的持续话题。南京三宝科技股份有限公司（HK01708）隶属于1993年成立的南京三宝集团，并于2004年在香港联交所上市，是第一家定位于物联网技术研究与数据应用的高科技上市企业。公司致力于推动物联网技术的开发应用和科技金融的发展，公司始终聚焦"科技创新"，以"连接、开放、共享"的价值理念，凭借多年物联网核心技术应用，已成长为以智慧交通、智慧物流为产业基础的创新型民营高科技产业公司，业务已覆盖200多个城市、100多条高速公路、200多万辆轿车、5万多辆运输车、11 000多条海关通道，深度服务2 500多家中小企业。我们将进一步加快对物联网、区块链技术、大数据集成处理、应用场景设计等方面研究和应用的投入，并会同政府和行业力量，推动物联网应用技术和科技金融发展的政策完善和监管协调，完善科技金融的框架体系、模型开发和应用场景的拓展，促进科技金融理论的不断发展与实践体系的持续改进，使科技金融能更好地服务于实体经济。

本研究通过对物联网金融模式的研究，将物联网与实体经济的结合点扩展到金融领域，为解决企业融资难、融资贵等问题开辟新的思路，并将物联网金融应用重点环节的实例进行场景化，用以解决信贷环节信息不对称、融资成本高等传统难题，并提出推动物联网金融发展的具体对策与建议。

本研究是学界第一次系统地对物联网金融的理论基础、存在问题、应用进展和发展前景所做的探索与研究。由于资料的缺乏和物联网金融在我国刚刚起步，使研究的视角和深度难以达到这一全新领域的关切者的期许，尤其是物联网金融发展对实体经济和传统金融业的影响的实际效应验证等还有待我们进一步跟踪和分析。

在本课题研究过程中，我们吸收了物联网技术和物联网金融研究领域许多专家学者的最新研究成果和学术观点，课题组成员也多次赴无锡"感知中国"物联网联盟、国家物联网基础标准工作组、物联网金融服务中心、无锡恒为信息区块链技术有限公司等单位调研学习，获得了许多宝贵的意见和启发。本研究由本人提出研究思路和整体架构，并对物联网金融应用场景提出具体论证和设计；由韩亚银行（中国）有限公司上海分行行长陈一鼎对研究进行具体指导和进行各种调研安排；课题组成员刘力欣、盛徐辰、牟宗新、单杨杰、王起凡、陈睿等参与了课题调研、数据处理和初稿的部分写作；苏州大学商学院金融学博士生导师乔桂明教授对全书进行了统筹、修改和文稿的最终审定。南京三宝科技集团对本课题的完成提供了重要的研究指引和经费支持；三宝科技集团的李文东副总裁、三宝科技的朱翔总裁和江苏跨境电子商务服务有限公司的马风奎总裁为本研究的顺利完成提供了鼎力帮助；苏州大学出版社的薛华强编辑为本书的出版付出了辛勤劳动，在此表示衷心的感谢。

南京三宝科技集团有限公司董事长 沙敏

2018年12月1日于南京三宝科技集团总部

目录

第一章　绪　论　/ 1

　　第一节　研究背景与意义　/ 1
　　第二节　研究方法与思路　/ 2
　　第三节　研究内容与技术路线　/ 3
　　第四节　本研究可能的创新与不足　/ 5

第二章　文献综述与相关理论　/ 7

　　第一节　文献综述　/ 7
　　第二节　长尾理论　/ 9
　　第三节　商业银行信贷悖论　/ 10
　　第四节　普惠金融理论　/ 13
　　第五节　内生经济增长理论　/ 16
　　第六节　金融科技理论　/ 18

第三章　世界物联网技术与产业发展概况　/ 21

　　第一节　物联网的概念定义及其演进　/ 21
　　第二节　与物联网相关的一些重要概念　/ 24
　　第三节　物联网的技术发展和主要应用　/ 27
　　第四节　以美、日、韩、欧为代表的国外物联网发展现状　/ 30

第四章　我国物联网发展现状与趋势分析　/ 40

　　第一节　我国物联网产业发展现状　/ 40
　　第二节　我国物联网产业发展的SWOT分析　/ 48
　　第三节　推进我国物联网产业发展的重点举措　/ 56
　　第四节　我国物联网产业未来的发展重点与趋势方向　/ 59

第五章　物联网金融的特征及其发展　/ 61

　　第一节　物联网金融解析　/ 61

第二节　物联网金融的特征分析 / 65
　　第三节　物联网与其他金融技术的融合逻辑 / 70
　　第四节　物联网与科技金融 / 74
　　第五节　物联网金融发展中亟待解决的问题 / 81

第六章　物联网金融对金融业的影响研究 / 84
　　第一节　物联网金融对金融业的颠覆性影响 / 84
　　第二节　物联网金融使商业银行迎来发展新机遇 / 93
　　第三节　物联网金融对保险业的影响 / 104
　　第四节　物联网金融对证券业的影响 / 112

第七章　物联网金融与传统产业融合的路径与具体应用案例 / 117
　　第一节　物联网金融与传统产业融合的必要性分析 / 117
　　第二节　物联网金融与传统产业融合的可行性分析 / 118
　　第三节　物联网金融与实体经济融合的应用案例 / 119

第八章　物联网金融的风险研究 / 159
　　第一节　物联网金融对传统金融风险的影响分析 / 159
　　第二节　物联网金融下新生风险的识别 / 165
　　第三节　物联网金融风险管理的对策和建议 / 167

参考文献 / 173

第一章

绪 论

第一节 研究背景与意义

党的十九大报告提出了新时代"建设现代化经济体系"的战略目标,要求"加快建设创新型国家",强调"创新是引领发展的第一动力,是建设现代化经济体系的战略支撑"。这既需要开展顶层设计和推动体制机制改革,持续推进科学技术攻关,同时还必须建立在广泛的创新活动基础之上,形成"实体经济、科技创新、现代金融、人力资源协同发展的产业体系"。创新型国家建设亟待现代金融增强服务实体经济的能力,需要用现代化金融挖掘实体经济可优化之处,因此科技与金融的融合发展就成为金融行业发展的必由之路。物联网等一系列新一代信息技术的发展和应用,开启了金融科技——FinTech 新时代,这无疑为金融行业和科技行业带来了全新机遇。物联网是利用传感器采集信息、借助通信传输信息、依靠物联网平台中心进行信息处理的,赋予物以智能属性,从而实现智能化识别、定位、跟踪、监控和管理的一种网络(余来文、封智勇、孟鹰、温著彬,2014)。一旦这种网络应用到金融领域,可以让虚拟经济从时间、空间两个维度全面感知实体经济的行为,将虚拟经济的服务融合在实体经济的每一个环节,进而推动金融模式的革新(于斌、陈晓华,2017)。即物联网金融可以实现现金流、信息流、实体流的三流合一,能够降低虚拟经济的风险,将逐步深刻改变银行、证券、保险、租赁、投资等众多金融领域的原有业务模式。

因此,本研究的意义在于通过对以往的文献进行梳理和分析,在此基础上对物联网金融的发展逻辑进行深度阐释,厘清物联网金融产生的前因后果;探讨物联网金融与实体经济行业的结合点所在,通过构建物联网金融大场景,完善物联网金融服务实体经济的落脚点,构建"金融+物联网+实体企业/农业/贸易商"等互利共赢模式;测评物联网金融对传统金融行业产生的重大影响,以及对银行、证券和保险等行业造成的业务模式上的冲击;讨论传统行业如何抓住金融科技新势力来寻求自身新的突破与发展。

第二节 研究方法与思路

一、研究思路

本研究从物联网金融发展的演进逻辑入手,以实例应用为主线,筛选出七大物联网金融应用的场景开展重点研究;针对物联网金融发展与实体经济深度融合需要注意的风险与问题,政府和监管部门需要做出何种全新变化展开深度分析。具体来说,首先从物联网基本概念出发,通过查阅相关文献,清晰界定物联网金融产生的主客观因素和发展的可能性,并厘清物联网金融的特性及演进趋势。然后对涉及的行业及对应的典型企业进行调研,对已有的和可挖掘的物联网金融的业务进行搜集和拓展,分析物联网金融在这些领域的应用与发展对实体经济的带动作用和发展路径;剖析典型企业的物联网金融运营模式、工作流程、盈利模式、运营特点及其对企业、贸易商、农业带来的直接效益,以及对金融行业风险控制、服务实体经济的真实效果等所产生的影响。最后依据研究的结论对我国未来如何促进物联网金融发展的规划、步骤、举措提出切实可行的对策建议。

二、研究方法

(一)规范研究法

本课题遵循提出问题、分析问题和解决问题的思路,通过文献梳理,比较国内外物联网金融发展现状、概念界定及异同点,运用经济学、金融学、信息发展学等学科的相关理论,对物联网金融应用领域的范式进行总结,并基于理论和实际相结合的原则,探索物联网金融未来广泛的应用空间,分析物联网金融发展的影响因素、经济效应及相关政策,最后提出相应的对策建议。

（二）实地调查法

通过对物联网金融涉及的行业和典型企业进行实地调研，搜集案例，并对案例在所在地、所在行业产生的直接影响和效益进行分析，通过实践案例总结物联网金融发展对金融行业、企业的深层次改变。通过非结构化访谈整理出基本观点，再通过结构化研究验证理论和观点。

（三）案例分析法

通过剖析典型的物联网金融企业服务实体经济的业务和模式，挖掘物联网金融与企业生产经营的结合相较传统金融服务企业的效率、成本、收益存在的优势及暴露出来的问题，并就物联网金融未来发展方向、行业演进趋势和可能路径等进行深入探讨，探寻物联网金融与实体经济协同发展的可能性与可行性。

第三节　研究内容与技术路线

一、研究的主要内容

第一部分，研究物联网金融发展逻辑。在介绍物联网金融的概念与特征的基础上，对已有理论进行回顾，为课题研究奠定理论基础。梳理美国、欧洲、日本物联网金融发展现状，寻找可供借鉴的发展模式和优秀经验，再总结我国无锡、上海、南京等先试先行地区物联网发展趋势，重点分析物联网金融发展态势，提炼物联网金融发展面临的主要问题与障碍因素。主要梳理物联网金融发展逻辑，探讨物联网金融的发展"如何可能"这一问题。采取逐步递进的方法分析物联网对现代金融的重要意义及如何带动金融行业拓展服务边界，为进一步探讨物联网金融发展空间奠定理论基础。具体来看包括以下内容：全球物联网发展现状，我国物联网发展现状及特点，物联网金融的概念与特征，物联网金融发展的理论基础。通过这些研究提炼出物联网具备的科技优势和实践价值；讨论物联网与现代金融的互动和耦合，结合长尾理论探讨通过物联网与金融链接点释放巨大的金融服务实体经济空间；联系内生经济发展理论阐释物联网金融本身存在的内生演进逻辑和符合金融发展趋势的外生动能。

第二部分，研究物联网金融与实体经济深度融合的路径。融合路径是本

课题研究核心,也是研究物联网金融的具体落脚点,该部分拟从以下两方面展开研究:

(1) 分析物联网金融服务场景对现有金融行业格局产生的巨大影响。首先是揭示以物联网金融为标志,结合大数据、云计算、区块链、互联网技术等将对传统金融行业产生的冲击,并研究冲击将聚焦哪些传统行业、哪些领域、哪些业务。其次是探索金融科技带来的服务模式变革方向。物联网金融具备万物互联、客观验证、智能服务三大属性,这将会极大拓展金融服务边界,本部分将具体讨论在哪些方向会出现新变革,银行、保险、证券等传统金融行业如何抓住物联网金融新机遇,扭转落后观念,与那些有前景的科技金融合作,如何颠覆原有低效业务,革新服务流程,引领现代金融和提升服务实体经济的效率。

(2) 研究对金融风险防范产生的具体效应。首先是回答物联网金融客观验证的属性是否可以应用于构建独特的风控模式。其次是从微观上分析物联网金融如何通过时间测算模型、远空间监测、设备与人的有效结合等最大化地实现其风险防范功能;从宏观上分析物联网感知汇集大数据的功能对金融风险防范产生的具体效应。

本著拟从物联网金融具有的广泛应用空间中提炼出具有极大可能性的场景,解决物联网到底"+"哪些金融的问题,研究物联网金融应用场景可结合的具体行业对象是什么。"+银行"助推动产质押市场发展带来的动产融资的海量增长;"+保险"拓展保险行业风险管理前移新型保险模式;"+农业"推进传统农业供应链金融,打破农业无抵押质押进行信用贷款的瓶颈;"+资产证券化"拟实现对企业资金、技术、资产、市场全覆盖;"+小微企业出口退税融资"实现退税物品全程快速监管,同时满足出口退税融资需求;"+汽车租赁融资"通过全程自动化解决方案,挖掘汽车交易每一个交易节点的金融服务需求;"+智能征信云平台"通过物联网大量数据收集形成智能征信平台……从物联网怎么"+"金融的角度探讨各个场景的标准化业务流程、具体结合点,以及具体落地可能存在的技术难点、监管难点和模式创新点。

二、研究的技术路线

本研究的技术路线见图1.1。

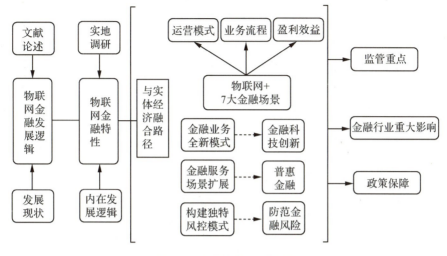

图1.1　本研究的技术路线

第四节　本研究可能的创新与不足

本研究的创新主要体现在：

一是研究内容的创新。本课题研究内容是近几年学术界及金融行业新兴研究方向，本课题通过系统阐释物联网金融发展逻辑，从科技理论、经济学理论和社会演进理论上深度阐述物联网金融与实体经济大规模融合发展的可能性，属于学术界重点研究物联网金融理论和实践的全新探索。

二是研究方法的创新。本课题通过梳理物联网金融服务实体经济的七大应用场景，筛选出具有广阔应用前景的物联网与金融融合模式，再在此基础上探索物联网金融对金融行业的重大影响，探讨物联网金融如何有效破解服务实体经济的难题，摒弃以往研究过于空洞、不贴合实际的缺陷。

三是研究视角的创新。本课题拟以物联网金融平台（传统各金融行业与物联网技术结合点）为出发点，以物联网金融与银行业、保险业、证券行业等各金融行业为落脚点，对物联网金融带来的优势和风险进行系统考察，高度强调了物联网金融客观验证属性对于构建独特风控模式、搭建科技金融风险防范体系的重大意义，这在研究视角上具有一定创新。国内外对于物联网金融更多关注的是什么叫物联网金融，很少从宏观经济影响、传统金融行业应对举措及应用物联网构建金融风险防范体系视角来展开研究。

本研究的不足之处：

一是在当前物联网金融研究刚刚起步、资料不足的情况下，本研究深度和广度可能不及预期。

二是物联网金融是新兴产业，研究产出结果速度可能不及变化速度，所以需要不断跟踪最新的发展趋势及变化。

第二章
文献综述与相关理论

物联网作为新一代信息技术,在拓展服务边界、降低交易成本、推动客观信用模式形成方面都给社会各行各业带来深刻内在的变化,金融行业作为与科技发展结合最紧密的行业之一,也将受益于物联网的大规模应用和普及,进而推动金融科技发展,提升服务实体经济的效率,促进经济内生增长。本章将对物联网金融的相关文献和理论做充分阐释,为全文的研究奠定理论基础。

第一节 文献综述

物联网金融作为世界性全新发展领域,现有研究文献较少,本研究在整理有关文献后对国内外有代表性的观点进行了梳理。有关物联网金融发展逻辑的文献主要集中在以下几个方面:第一,以美国克里斯安德森为代表(2006)提出的长尾理论,其核心观点是物联网金融有利于降低金融服务交易门槛,能扩大银行业服务群体,增加收益来源,因此物联网金融既能降低成本又可以实现资源之间的整合。第二,对金融行业内在发展逻辑的分析,谢平(2015)等在《互联网金融的基础理论》中指出:物联网金融能够使资金供求双方信任度提高,加强双方深度开放,让用户需求由过去的因变量逐渐前置为自变量,用户的参与使金融服务具备内生的响应-反馈机制,通过实时动态自我改进,让金融产品和服务更具有生命力和创造力。第三,对于物联网金融外在溢出效应的研究,我国学者董新平所著的《物联网及其产业成长研究》(2015)一书中指出:物联网对提高经济效益、节约企业融资成本、为经济发展提供技术动力异常关键。一言概之,物联网金融在一定程度上可以解决传统金融服务实体经济范围不够全面、效率滞后的局限性;也可以解决互联网金融侧重虚拟经济,缺乏对实体企业有效掌控的问题;建立在智能化、网络化基础上的物联网能保障金融对实体经济效率的促进作用。第四,对物联网金融与实体经济融合路径的相关研究,主要从不同行业的实践视角来展开:(1)2016年无锡国家传感网创新示范区发布《物联网金融白皮书》,重点关注并大力尝试物联网与征信、保险、租赁等行业进行业务合作,探索出物联网技术与金融机构合作能够衍生出巨大互惠互利空间。(2)王进军(2016)发表的《物联网金融变革下商业银行机遇与发展路径探究》一文指出:金融行业面对科技金融浪潮,首当其冲的是银行业。而利用物联网技术,银行可以建立客观信用体系,降低动产质押风险,让钢贸产品、液态化工品、仓储货物等动产具备不动产属性,破解小微企业贷款难、商业银行信贷悖论问题。(3)贝多广、李焰(2016)在《普惠金融——中国金融发展的新阶段》中提到:农村金融服务获取能力与农业实体经济特征有密切关系。在党的十九大提出精准扶贫的背景下,物联网必将在供应链融资、数据农贷、农业电子商务等方面广泛应用,对传统认知中的金融属性弱的农业、畜牧业的先天不足加以弥补,增强金融扶持力度。

综合以上文献可以发现:(1)物联网金融是客观信用高阶形态,能够促进主观信用向客观信用转变,极大降低金融业的风险;(2)如果物联网金融全方位覆盖各产业领域,实现全程电子化、实时化和网络化,金融行为成本将大大降低,甚至不断向零边际成本金融服务靠拢;(3)物联网金融具备智慧金融属性,结合互联网、大数据、云计算等,通过对信息的敏锐感知,对海量数据进行匹配,让金融服务透明可视化,从而助力形成实体经济的智慧融通生态系统。由于物联网是新兴领域,在学术界展开物联网金融发展逻辑研究还有非常大的理论空间,而关于物联网金融如何真正与实体经济融合的路径研究和应用场景设计更是能止众多金融机构拓展业务之渴,解实体经济金融的燃眉之急。

第二节 长尾理论

一、长尾理论主要内容

克里斯安德森在《长尾理论》(2006)一书中首先提出,在互联网时代,原来的正态分布或二八法则已经不再适用,满足个性化需求的细分的、零散的、细分子行业的市场具有无限潜力。通过服务这些不被大品牌、大企业关注的零散客户,可以积少成多、薄利多销,实现大利润,创造大市场。这一理论在Google,Amazon,Itune 都得到了充分的证实,互联网主体利用其门店少、信息易搜索、运营维护成本低的优势,将二八法则中不容易覆盖的客户也纳入考虑,而这些小额消费者所组成的小市场的汇聚可以产生跟主流相匹配的大市场能量。

二、物联网金融扩大了"长尾"市场范围

长尾理论在物联网金融中将得到更加广泛的应用。物联网金融可以对原来不受银行、证券、保险等金融机构高度关注的客户、中小企业进行长期跟踪,通过物联网收集到的数据对这些中小企业和客户进行客观了解,提高这些客户群体的信用等级,使得提供金融服务的机构能够挖掘更多市场潜力,获取更多收益。

传统金融服务通常强调服务于二八法则中20%的富有人群,而忽视80%的普通客户,这源于金融机构逐利的本质和信用体系的不完善,但在科技与金融紧密结合的条件下,80%的小额消费者所组成的小市场也可以汇聚产生与主流相匹配的大市场能量。

在传统金融服务模式下,普通个人客户的信息广而杂,很难收集,但是在科技金融发展之后,物联网技术可以了解个人客户的消费习惯、身体健康情况、开车习惯、房产信息,能够将个人客户的一切信息从日常中分离出来,在进行大数据分析后,可以深入了解个人客户的信用状况,进而在个人客户提出金融服务需求时能进行客观评估,并且有针对性地向客户进行推荐,让客户的金融需求得到满足,将小客户的需求聚成金融大市场。

服务于小微企业的综合性供应链融资方案可以满足小微企业金融需求,

解决因企业小、轻资产等原因而难以融资的问题,同时也避免了信贷风险过度集中于核心企业的问题,从而提高了核心企业参与供应链金融的意愿。同样,农业金融机构也可利用物联网技术有效开展农业供应链融资业务。

第三节 商业银行信贷悖论

一、信贷悖论理论主要内容

商业银行信贷资产的信用风险是指由于借款人或交易对手违约而导致损失的可能性,或者由于借款人信用评级的变动和履约能力的变动引起信贷资产的市场价值波动而导致损失的可能性。商业银行开展多项信贷资产业务,由于市场环境的变化、借款人或交易对手履约能力与信用的变化,导致信贷资产业务面临信用风险,是银行必然面对的一个现实,而消除或减轻信用风险亦是商业银行必须面对的。

马科维茨的资产组合理论表明,通过多样化的投资组合,可以消除非系统风险,降低投资的市场风险。其前提条件是投资组合的风险资产之间具有较低的相关性,也就是风险资产分散程度越高、相关系数越低,资产组合的风险越小。基于这一思想,商业银行在开展信贷资产业务时,应该增加贷款的数量,并且贷款应该尽可能多样化,即涉及更多的行业和公司,贷款的公司要尽可能分布在更多的地区,在不同行业、不同地区分散贷款,以保证贷款业务的相关性尽可能低,这样可以更好地消除信用风险。因此,贷款业务的分散化,是商业银行降低信用风险的重要手段。但是在实际操作中,商业银行往往选择贷款的高度集中,其原因在于:一是银行信贷管理过程是基于经验法则和主观判断的信贷专家制度。银行依赖大量具有专门知识的信贷分析专家来进行贷前信用风险评估,这些信贷分析人员通常积累了分析某一特定行业或某类特定客户的丰富经验,成为该领域的专家,但受自身知识领域的限制,信贷分析专家倾向于向自身熟悉的行业和客户发放贷款,造成银行贷款发放具有很强的行业偏好性。二是优质客户是众多银行争夺的对象,出于竞争的需要,银行必须尽可能地维护与优质客户的良好关系。如果优质客户的贷款需求超出了银行基于风险分散化管理应有的贷款限额,银行往往难以拒绝。三是银行不可避免地会受到地域限制而主要从事所在地的经营业务,这就使信贷组合具有很强的地域集中度。分散贷款业务是商业银行降低信用风险的手段，但在实际操作中银行往往陷入贷款业务在地域、行业的高度集中，这被称为银行的"信贷悖论"。

传统的商业银行信用风险管理的方法主要表现为：一是专家评定法，由一些经过长期训练、具有丰富经验的信贷专家，依据其掌握的专业知识及对某些关键因素的权衡，决定是否贷款。在专家评定方法中，目前已形成一些比较成熟的衡量标准，如贷款审查"5C"原则，即审查企业的品德（Character）、能力（Capacity）、资本（Capital）、担保或抵押（Collateral）、环境（Condition）。通过严格规范的信用评审程序筛选出符合要求的企业作为放贷对象。二是要求贷款企业提供抵押、担保等方式，以确保信贷资产的安全性。

从商业银行管理信用风险的思路来看，主要采取的是对信用风险较大的企业不予贷款，以回避风险；或者是在发放贷款前或贷款中采取一些措施，如审贷分离、内控、稽核等控制信用风险。其根本的策略是回避和控制风险，尽量将信用风险高的贷款排除出商业银行的放贷对象。因此，传统的商业银行信用风险管理的思路是尽量抑制信用风险，其结果是导致放贷对象高度集中在某些行业、某些公司，无法消除商业银行的"信贷悖论"。

从抑制信用风险的视角管理风险，是商业银行被动地管理信用风险的基本模式，对于商业银行开展信贷资产业务具有较大的负面影响。在当今银行业激烈竞争的形势下，改变这种消极的以抑制信用风险为手段的信用风险管理模式，对商业银行推动信贷资产业务发展，提升其核心竞争力，具有重要的战略意义。

二、物联网金融有效解决银行信贷悖论

伴随着互联网金融业务的兴起，商业银行在业务流程的便捷性、效率性、金融服务可得性上有了大幅提高，但解决信贷悖论问题仍有待重大突破。并且互联网金融盲目发展带来了众多新的风险问题。由于互联网金融先天地带有面向虚拟空间的特性，大部分信息都是落后于发生时间，并是人为录入的，这就导致信息的客观性被弱化，而交易双方信息的真实性难以验证及不对称性也增加了信用风险。并且互联网金融发展时间较短，大部分企业风险管理机制尚不完善，相关意识薄弱，同时，缺乏专业风险管理人员，而网络贷款较多采用无抵押、无质押贷款，这种类型的中小企业、工商户、个人的征信体系在我国又非常不完善，信用违约事件必然不可控。相比之下，物联网金

融客观信用评价优势就得以显现出来。

首先,物联网金融能促进客观信用体系的形成。物联网的一个重大贡献是万物互联,即让物具备"感觉"和"意识",在形成行业的物联网网络中可以实现垂直领域内的互联互通,通过关键节点的信息联结,构成一个万物互联的世界,弥补和延伸了传统金融和互联网金融所不具备的终端触觉。由于物能够直接传递信号,保证了物的客观存在,丰富了企业客观信用体系,让银行等金融机构可以实时、远程接触到抵押品、担保品、质押品及企业实际运行现状,提高了社会信任度,促进了行业客观信用体系的建立,使得传统金融不能覆盖的企业细微节点的金融需求得以满足,也扩大了银行的客户群体,拓展了新型业务。

由于物联网金融业务建立在物联网 RFID、红外感应和 GPS 技术基础之上,所以从企业生产到物流运输,从货物途中监管到海外零售全环节都可以被覆盖和跟踪,形成大量交易数据的沉淀,使得每一个交易节点可能产生的金融服务需求都能够被挖掘和满足。同时物联网金融平台连接着所有产品的生产、运输、销售的一切信息,形成了庞大的数据汇集,可以自动形成客观信用评估体系,进而催生出保险、保理、信贷等大量金融服务。

其次,物联网金融增强了信用风险的计量、管理和控制能力。物联网核心技术可以帮助金融机构直连采集终端,通过传感器实时、全面、客观地采集数据,在很多应用场景中可以实现金融机构从业人员远程实时监控,控制资金、货物、场地的流动,检测内容丰富,可以实时联网报警,自发建立信用评估体系,在很大程度上促进金融业由滞后性主观验证进化为全面客观验证,能够有效解决欺诈、虚假募集资金、信用违约等风险。

例如传统的液态化工品、成品油及各种石油制品的仓储业务因其动产性质,很难在银行作为质押品进行融资。而引入物联网技术后,通过采集终端、标准平台等设备,可以在仓储中实时检测到液体的液位、料温、浓度、体积、标密、质量等信息,并且通过实时联网,以邮件、短信、平台等信息渠道直接将监测内容远程传输给银行后台,使得质押融资从无到有,从少到多。并且可多次反复利用一套设备,帮助众多化工品企业申请融资,而银行只需前后台系统操作处理,风险计量自动计算,无须人为信用测评,可为银行新增大量业务。由于操作灵活、便捷,可以实现一站式实时线上服务,降低风险管理的成本,让风险控制能力大大提高。

再次,物联网金融可有效解决银行信贷悖论问题,促进银行风险控制能力的提升。利用物联网技术的以上两个特点,商业银行可以实时远程控制实物的移动、进出、转交过程,显著增强了银行对信贷质量的信心,这就能极大地化解信贷悖论中地域、行业、客户过度集中的慎贷问题。同时配合物联网金融平台连接互联网,促进当质押物物权转移给商业银行后,商业银行及时与社会需求方直接沟通,通过拍卖等方式解决质押物的后顾之忧。

物联网金融在提升银行风险控制能力上将具有显著效用。物联网金融模式将提高操作风险防控水平,通过发挥物联网智能管理优势,使其成为风险管理的"千里眼""顺风耳",实现覆盖各业务条线、产品条线、营业场所的"全方位"防控,使操作风险发生概率及风险损失均趋向于0。例如,通过RFID识别等技术,可进行工作人员和来访人员管理,监控现金柜、库房、机房等重要资产设备,提高了安防可靠性。因此,物联网金融不仅能够有效监控风险,还可以将风险扼杀在萌芽中,杜绝企业人为出险的操作,监控风险可能出现的高频点,从被动接受到主动预防,真正实现风险控制能力的提升。

第四节 普惠金融理论

普惠金融的概念最早是由联合国在2003年12月提出的,普惠金融旨在建立有效、全方位为社会所有阶层和群体提供服务的金融体系,强调通过加强政策扶持和完善市场机制,为弱势群体提供平等享受基本金融服务的机会和权利,不断提高金融服务的可获得性。因此普惠金融的本质应包括以下几个方面:一是所有群体和企业都能以合理成本获得金融服务;二是金融服务具备竞争性,能够为消费者提供多样化的选择;三是金融机构应稳健运行,要求内控严密及接受市场监督和审慎监管;四是金融业可持续发展,确保能够长期提供金融服务(周小川,2013)。

普惠金融是一个不断发展变化的概念,随着其概念的拓展和不断完善,逐步显现出大金融、宽内涵、多维度的特征,涵盖包括账户、储蓄、信贷、支付、证券、保险等所有金融产品和服务在内,逐渐成为一整套涉及金融基础设施建设、金融改革发展和结构调整等重大金融问题的发展战略和操作理念。

一、普惠金融兴起原因和面临问题

国际普惠金融联盟(AFI)通过号召各国签署《玛雅宣言》,并对普惠金融发展目标进行承诺来推动各国制定普惠金融发展战略。我国一直对发展普惠金融持积极引导的态度，这主要源于我国金融服务发展现状亟须普惠金融的理念。具体分析如下：

（1）我国金融资源主要集中于城市，农村金融发展严重不足，金融支撑农村经济发展能力极其有限。西南财经大学发布的《中国农村金融发展报告2014》显示，农村家庭的正规信贷可得性约为27.6%，而农村民间借贷参与率高达43.8%。据蚂蚁金服集团调查研究，中国城镇和农村每万人拥有银行类金融服务人员数量的比例为329:1。

（2）传统金融对小微企业的支持力度较低，在面临"权益资本融资缺口"和"债务资本融资缺口"的情况下，绝大多数中小企业发展的资金需求只能通过信贷来供给，在商业银行追逐利润、控制成本及规避风险的动机下，由于中小企业的经营有较高的不确定性，同时财务制度普遍不健全，缺乏真实准确的会计信息，难以提供给银行所要求的担保和抵押，使得信贷资源大多流向大型企业，而中小型企业分配到的资源极为有限。

（3）地区间存在金融割裂。东西部经济发展的差距大，西部市场资金融通量小，金融资产在全国占有份额偏小，使得西部金融系统业务空间小，内部过度竞争，金融效率低下，发展困难。而东部地区由于经济比较发达，货币化程度相对较高，市场发育程度较好，带来了金融结构的调整和金融资产总量的高速增长。因此发展普惠金融是我国国情需要，是解决精准脱贫问题的必要策略，是经济可持续全面发展的重要组成部分。

但是普惠金融的实施若依靠传统金融机构和金融服务模式必然面临一些难题，这些难题囿于普惠金融服务对象本身具有的特质，这些特质是传统金融服务模式无法解决、无法绕开的拦路石。

（1）农民没有全面系统的个人征信档案，小微企业相关财务指标、信用指标和盈利指标不符合银行授信条件，难以获得银行的抵押贷款。

（2）在金融服务区域问题上，农村地区金融机构种类单一且数量不多，保险类和证券类机构很少或几乎没有在广大农村地区设立经营网点，传统金融业务人员往往不了解当地实情，无法开展金融服务。

（3）普惠金融服务理念所强调的是政策性与公平性，金融服务成本应该由金融机构承担，但普惠金融带来的正外部性与传统金融理念的趋利性特征相悖，再加上政府在基础性投资与补偿机制方面的缺失，使得在普惠金融服务体系下权利与责任不清，普惠要得到商业金融的长久支撑就很难实现。

二、科技进步推动普惠金融发展

基于科技金融的推广使用,结合普惠金融能够解决传统银行机构覆盖范围较小的问题,自2013年以来,余额宝、理财通、现金宝等创新金融产品相继发布,使得社会闲散资金由零归整,从而能够共享大众投资收益。当科技与金融服务深度融合时,才能有效增加金融服务供给,使供给曲线右移,金融服务价格下降,金融服务半径扩大。随着科技应用的深入,将推动普惠金融产品和服务创新,在传统的存、贷、汇业务基础上衍生出更多的金融产品和服务,不断满足普惠金融客户个性化和多样化的金融服务需求。

首先,科技普惠金融利用移动通信、网络等提供金融服务,能够覆盖更加广泛的范围,尤其是在农村地区。根据中国互联网络信息中心(CNNIC)数据显示,截至2016年6月,农村互联网普及率达到31.7%;移动互联网用户达到10.3亿户。科技普惠金融改变了原有的服务提供方式,不论用户在偏远的地区还是在大城市,只要有电脑或者手机就可以获得金融服务,而不再需要通过固定的营业网点。

其次,科技普惠金融凭借技术优势可大幅削减交易成本,从而很大程度上增强了金融服务的普惠性。集中体现在以下两方面:一是更高效率的支付系统极大地削减了支付成本;二是更快捷高效地获取信息资源削减了信息使用成本。科技普惠金融的支付模式是基于移动支付技术,从而可利用网上银行、手机银行等进行无时间限制的支付业务,搜索引擎则可以快速满足对信息数据的需求,而云计算可以更有效地处理、分析以及应用庞大的数据资源,因此基于科技普惠金融,能够大幅削减人工成本、营运场所成本及其他成本。以阿里巴巴小微贷款为例,其单笔业务的服务成本仅约2.3元,而传统金融机构则高达2 000元,可见科技普惠金融基于"微贷技术"可大幅推动普惠金融。

再次,在互联网背景下,社交、消费、工作、生活等各方面趋于集中,因而储存的互动行为、购买记录、兴趣爱好、违法情况等数据变得日益重要。普惠金融可通过对以上信息数据的处理,使其成为可应用的数据资源,进而能够更高效率地评价客户信用水平,有效控制平台运营风险,并相应提供定制化、差异化服务。因此,鉴于科技普惠金融具备信息对称的优势,可构建更具效率的金融市场以及更市场化的金融体系,进而大幅提升全社会信贷资源的配置效率,最终为国内金融改革、深化普惠金融创造新的突破路径。

三、物联网金融与普惠金融的关系

互联网、大数据等信息技术的发展对推动普惠金融实施有重要的助力作用,而物联网在促进普惠金融发展方面能够起到核心作用——推动完善征信体系,物联网相比互联网在感知实体经济,推动物流、资金流、信息流方面有着明显优势。

一是增加金融服务的覆盖面和便利性。物联网金融通过和互联网等技术的结合,无须通过金融中介机构现场沟通,就能远程监测和控制,从而能够显著提升金融服务的覆盖面和便利性。我国物联网技术和5G宽带的全面铺开,有助于改善农村地区基础金融服务薄弱、信任度低的现状。

二是降低金融服务的交易成本和时间成本。通过将感应设备收集到的所有信息汇聚于物联网金融平台,所有交易处理可以在平台上短时间完成,有利于提升交易运行效率。不再像实体网点和人工服务的高成本,技术设施和人力资源成本低廉,能够依赖较少的物力和人工投入获取较大的服务容纳量。

三是提升金融服务的质量和满意度。基于物联网的金融服务具有海量交易笔数、智能服务等特征,有效地拉近了企业与金融机构的距离,不仅可满足客户提出的金融要求,还能够通过追踪上下游,预测未来可能需要的金融服务,最终提升金融满意度。

第五节　内生经济增长理论

一、内生经济增长理论的主要内容

内生经济增长理论是由卢卡斯、罗默提出的,其核心思想是内生的技术进步是促进经济持续增长的决定因素,经济的发展可以不依赖外力推动,而通过引入新生产要素、新生产机制、新生产函数三种基本途径来实现。互联网时代,伴随着信息传输和扩散速度的加快,信息在现代经济中的地位日益重要,Oliner 和 Sichel 研究了信息技术对于美国经济持续高增长的贡献后,将信息作为新生产要素或技术进步内生化的催化剂引入经济增长的分析框架中来。物联网收集、传输信息的速度更快,企业更容易将收集到的信息转化为生产要素,拓宽了经济学中的"交易可能性边界",能够促进物联网金融业态快速发展,也使得资本深化,使其规模收益具有递增效应。

专业化和创新成为新内生机制,创新通过创造性破坏原有的商业模式,使前沿技术进步或相对前沿技术效率的提高作用于经济增长。在信息技术和物联网金融支持的现代经济条件下,作为经济增长要素的资本范围大大拓宽,新经济工具的革命性创新,如光介质磁盘、物联网、云计算等,驱动了大数据的产生和发展,使大数据成为现代经济的新生产要素和资产;同时,物联网金融作为新金融业态也使资本深化,其规模收益具有递增效应。大数据成为现代经济的生产要素和资产,是新经济和物联网金融的新载体。2013年7月31日,美国商务部经济分析局在GDP核算中首次把研发支出归入固定资产投资,从而将研发和软件归入知识产权产品。大数据由于其自身的价值化也被归入数字资本。GDP核算的这种变化,意味着企业研发支出、软件和数据支出由过去划入企业成本,转变为划入企业投资。国际机构在2008年SNA体系中也认同了这种核算。这样,数据就和软件一样变成了一种资产,成为一种新生产要素。大数据来自新经济工具的革命性创新驱动,物联网金融也因此成为一种新业态。

二、物联网金融对内生经济增长理论的阐释

金融服务于经济发展主要从量和质两个层面展开,当经济增长的几大要素即人力、土地、资本的发展落后于科技生产率时,让金融资本从量上提供更多该生产要素并不能促进生产效率的提升。因此,提高金融服务的质是促进经济增长的关键途径,而金融服务的质的提升就是结合科技手段提高金融服务效率,辨别客户的真实需求,深入了解客户的信用情况,向金融供需的平衡点靠近。

改革开放后,我国经济经过40年的发展,已经达到传统模式的发展顶峰,步入经济新常态后,以往促进经济发展的金融服务模式已经失去了作用,通过金融机构从量上放水漫灌已经很难刺激经济增长,边际效益也在逐步递减,只有从质上去寻求金融需求与供给模式的匹配和高效,才能真正激发实体经济的活力。

谢平(2015)曾提出新兴科技与金融行业结合将会改变传统金融行业在服务实体经济中扮演的角色,进而改变金融机构的主要盈利模式。物联网金融能够促进资金供求双方信任度提高,进而加强双方深度开放,在金融科技

时代开展金融服务，让用户的需求由过去的因变量逐渐前置为自变量，用户的参与使金融服务具备内生的响应-反馈机制，即实时动态的自我改进机制，从而更加迅捷便利地实现更替，这样金融产品和服务才能贴近市场、贴近用户，更加具有生命力和创造力。

物联网金融等一些与新一代科学技术结合紧密的金融服务模式能够改变传统的以资产决定信用的逻辑，通过对生产过程的实时监控和评估来真实可靠地决定信用。这种信用是一种全流程全方位参与管理的过程，在过程中可以进行动态调整和适应，风控可以嵌入过程中，实现真实性、合理性、强信用性的金融供需。只有这种由过去的因变量逐渐前置为自变量的内生性响应-反馈机制，才能让信用真正长久地建立于金融市场，让金融市场有序、有活力、有生命力。

第六节 金融科技理论

一、金融科技与科技金融概念辨析

金融科技（FinTech）源于英文 Financial Technology 合并后的缩写。金融科技来源于美国，金融科技公司主要应用高科技提供金融服务，这种金融服务起到与银行业提供的产品和服务相互竞争、互为补充的作用。金融科技指的是在不改变传统金融核心业务逻辑和金融服务本质的前提下，利用科技手段提升金融效率。2016年全球金融治理牵头机构——金融稳定理事会发布了《金融科技的描述与分析框架报告》，第一次在国际组织层面对金融科技做出了初步定义，即金融科技是指通过技术手段推动金融创新，形成对金融市场、机构及金融服务产生重大影响的业务模式、技术应用及流程和产品。

科技金融概念出现较早，2002年卡罗塔·佩蕾丝在其所著的《技术革命与金融资本》一书中就提出技术创新与金融资本对经济增长存在高度耦合作用，由于新技术的崛起，风险资本家为获取高额利润，迅速投资于新技术领域，进而促进技术创新的繁荣与金融资产的几何级数增长。它有四个典型特征：

（1）科技金融是一种创新活动，即科学知识和技术发明被企业家转化为商业活动的融资行为。

(2)科技金融是一种技术-经济范式,即技术革命是新经济的引擎,金融是新经济模式的燃料,二者集合起来就是新经济模式的动力所在。

(3)科技金融是一种科技资本化及科学技术被金融资本孵化为一种财富创造工具的过程。

(4)科技金融是一种金融资本有机构成提高的过程,即同质化的金融资本通过科学技术异质化的配置,获取高附加回报的过程。

可以看出,科技金融的落脚点是科技,金融更多地起到促进科技开发、促进科技成果转化和高新技术产业发展的作用。

但金融科技的落脚点是金融,它凸显了科技在金融科技生态中的基础作用。金融科技更强调科技对金融业务、金融工具、金融机构产生的影响,不论金融科技发挥作用的领域是现行金融业务的数字化或电子化,如网上银行、手机银行等,还是应用于金融领域的各类新技术,如物联网技术、分布式记账、云计算、大数据等,或是涉足金融领域、与现有金融机构形成合作或竞争关系的科技企业或电信运营商,科技的本质都是在促进金融发展。

二、金融科技理论的发展

与国外相比,我国的金融科技虽然起步较晚,但是发展很快。科技产业与金融产业相互融合,促进了金融科技的发展,金融科技的发展也推动了传统金融业的进步。伴随着大数据、云计算、人工智能、物联网等技术方面的创新,金融科技将全面应用于支付结算、零售银行、财富管理等领域,金融与科技正在不断地进行深层次的融合。金融科技公司大量涌现,有利于金融体系的不断优化升级。金融科技公司的业务领域覆盖面相对较广,涉及银行、保险、证券等业务,金融科技公司更加注重科技在金融领域的运用,也是金融与科技进一步融合的方向。金融科技公司往往具备支付技术、大数据的风险管理技术以及区块链技术,在金融科技的发展过程中,物联网、区块链、大数据与云计算等技术被广泛应用,这也大大促进了金融科技的发展。

金融科技比传统金融更多地利用科技手段,运用大数据与智能化手段分析与创新金融产品。金融科技思维对传统思维有所改进,金融基于科技在一定程度上解决了市场中信息不对称问题,有利于市场规范发展,也有利于市场价格信号的传递与完善。而且,金融科技公司具有云计算、大数据与微贷技术,这些技术使金融科技企业可以轻松获得融资需求者的相关信息,有效降低获客成本,从而能够在推进数字普惠金融等业务发展方面大显身手。金融科技带来的新技术新体验也降低了融资成本。科技发展便利了生活，有利于缓解实体经济中融资难、融资贵的问题。区块链、大数据、云计算、智能投顾等新技术伴随着物联网的发展而得以广泛应用，提高了资源配置效率，充分发挥了聚集信息的功能，促进银行、保险、证券、基金、信托等行业提供信息互联互通服务。金融科技企业在拓展居民投资渠道、提高金融服务水平、降低融资成本、促进中小企业融资等方面发挥了巨大作用。金融科技公司与银行业之间的竞争使得价格信号能够较为灵敏地发挥作用。金融科技公司与银行业以及与其他影子银行之间的竞争，有利于金融市场机制的不断完善。

第三章

世界物联网技术与产业发展概况

当今世界以互联网技术为代表的信息技术革命渐入佳境,这有力地推动了以物联网技术为代表的一系列技术创新。物联网技术的"全面感知""即时传输""智能处理"等特性,极大地方便了人类的生产经营和日常生活。本章将对物联网技术与产业的发展以及各国的发展现状进行阐述。

第一节 物联网的概念定义及其演进

物联网的英文全称是 The Internet of Things,简称 IOT。它是建立在 RFID 技术、传感器基础和数据传输基础之上,使物体具备信息交换和互联互通功能的新一代信息技术的重要组成部分。为了更直观地感受物联网,我们可以从与物联网相关的生活场景出发来做解释。

早晨 8 点,你刚从睡梦中被枕边的手机闹铃叫醒,不情愿地起身时,窗帘会收到枕头感应器的信号自动打开,清晨的阳光洒了进来。手机闹铃停止了,它采集了床上感应器的各项数据,并分析昨晚的睡眠状况。你走出卧室便闻到了烤面包和咖啡的香味,这一切都是接收到起床信号之后完成的。

吃过早餐之后,你还未到车库,车已经远距离启动,并且为你规划好上班路线。车辆的停车位也在公司系统里提前预订好,到了公司停车场直接将车辆停置在泊车机器人的正上方,由泊车机器人将车辆停入指定停车位。

中午 12 点,你突然想到家中宠物还没喂食,可以通过手机打开实时监控系统,远程打开自动喂食机循环播放你的声音,吸引宠物前来进食,并且控制投放食物的量。

下午 3 点,你的快递到了。快递员拍门触发门上的感应器,手机就会提示有客人来访,这时你通过监控系统和远程语音,让快递员将快递放到你指定的地方。

结束了一天的忙碌,你若堵在回家的路上了,可以提前将电饭煲打开,开始煮饭,浴室里的热水也早已放好。这一切都是通过智能家居实现的。

看到这里,你有没有觉得很神奇?你是否在想这一切如果是真的该有多好!其实这一切早已不是天马行空,通过物联网这一切都可以实现。

前面生活场景里的窗帘、咖啡机、烤面包机、车、智能监控系统等都是通过物联网来实现的。在物联网上,每个人都可以将真实的物体贴上标签连入互联网,在互联网上了解这些真实物品的实时状态以及详细信息,并且通过物联网可以对这些真实物品进行控制和管理。依此类推,物联网还可以用于安防、医疗、物流、农业等各个领域的生产与管理。

物联网最早实践于 20 世纪 80 年代,卡内基梅隆大学的一群程序设计师希望每次下楼买可乐时总能买到冰的可乐,于是对楼下的可乐贩卖机进行改造并接上网络,编写程序监视可乐机内可乐数量和冰冻情况。这是最早运用普适计算理念的物联网实践。

相比于物联网早期实践,物联网定义的出现则相对较晚。1991 年美国麻省理工学院(MIT)的 Kevin Ashton 教授首次提出物联网的概念,并于 1999 年建立了"自动识别中心(Auto-ID)",提出了网络可以互联万物的思想。虽说物联网与互联网仅一字之差,但其对于基础技术的要求截然不同,所要达到的目的也不同,互联网通过信号传输技术连接人与人,而物联网则是在互联网的基础上通过在物体上植入传感器等电子元件,再加入区块链等技术将物体相互区分和连接。所以物联网对于数据传输速度以及数据处理速度要求更高。在物联网的最早定义提出之时,由于技术还未成熟,所以物联网仅仅局限在物体之间的相互感应,比如门禁卡,将门禁卡靠近感应器,则门栓自动开启。这时的物联网仅仅局限在传感网的范围内。

随着互联网技术的发展,人们的视野越来越开阔。1995 年比尔·盖茨在其著作《未来之路》中预言:"人们可以佩戴一个电子饰针与房子相连,电子饰针会告诉房子你是谁?你在哪?房子将用这些信息尽量满足你的需求。当你沿着大厅走路时,前面的光会渐渐变强,身后的光会渐渐消失,音乐也会随着你一起移动。"2003 年美国《技术评论》杂志指出传感网将是未来改变人们生活的十大技术之首。2005 年国际电信联盟(ITU)对物联网的概念做出进一步拓展。原先的物联网概念仅仅是停留在"传感网"的层面，也就是通过射频识别技术（RFID）实现的通信。随着科技的发展，新的物联网技术发展成为对物体具有全面感知能力，对信息具有可靠传递和智能处理能力的连接物体与物体的网络。

虽然物联网的概念早已被多次提及，但未能引起人们的足够重视，直到各国政府为了寻找新的经济增长点，才开始将物联网作为下一代技术规划。

2004年日本信息通信产业的主管机关总务省（MIC）提出了"u-Japan（泛在日本）"战略，该战略的目标是让数字信息技术融入每一个角落，它将成为转动公共部门的网络齿轮。2007年韩国正式宣布韩国通信委员会（KCC）取代过去的韩国信息通信部，并推出"u-Korea（泛在韩国）"战略。u-Korea的目标是建立泛在社会，主要通过部署智能网络（包括16网络、宽带融合网络和泛在传感器网络等），应用最先进的信息技术（如射频识别技术、数字多媒体广播技术、远距离通信技术、全球定位技术），让普通韩国人随时随地享受高科技带来的惊喜。终极目标除了通过发展新兴信息技术振兴IT产业，提高国家竞争力之外，还要运用信息技术来提升韩国民众的生活品质。2009年IBM首席执行官彭明盛首次提出"智慧地球"的概念。奥巴马就职总统后，积极回应了IBM公司提出的"智慧地球"概念，并很快将物联网的计划升级为国家战略，投入巨资深入研究物联网相关技术。同年，欧盟委员会提出了《欧盟物联网行动计划》，希望通过该计划来构建科学合理的新型物联网管理框架，进而引领全球物联网产业向前发展。2009年8月，时任我国总理的温家宝提出了"感知中国"的概念，把我国物联网领域的研究和应用开发推向了高潮。中国无锡也率先建立起"感知中国"研究中心。

现有的物联网可分为四类：私有物联网（Private IOT）、公有物联网（Public IOT）、社区物联网（Community IOT）和混合物联网（Hybrid IOT）。私有物联网一般是为单一机构内部提供服务的，多数运用在内网中。公有物联网指的是基于互联网向公众或大型用户群提供服务的一种物联网。社区物联网为一个关联的社区或机构群体提供服务，如公安局、环保局等。混合物联网是上述两种及以上物联网的组合，但后台有统一运维实体。

现有的物联网类似于仿生学，一共可分为三层：应用层、网络层、感知层。在物联网概念中最重要的则是全面感知、可靠传递和智能处理三大特征。离开了这三大特征的物联网充其量只是互联网或是传感网的延伸。其实质是利用事先在物品中嵌入的传感器与现代化数据采集设备将客观世界中的物品信息最大限度地数据化,再利用物品识别技术与通信技术将数据化的物品信息连入互联网,然后将这些信息传递到后台服务器进行整理、加工、分析和处理,最后利用分析与处理的结果对客观世界中的物品进行管理和相应的控制。其中全面感知为物联网的本质特征,其通过无线网络技术、RFID 技术、传感技术以及嵌入设备系统等技术的应用,将人与物纳入一个可以相互感知的网络中,而物到物(Thing to Thing,T2T)、人到物(Human to Thing, H2T)、人到人(Human to Human, H2H)基于相互感知的交互活动构成一个全面的感知社会。毫无疑问,物联网的发展将给社会发展的方方面面带来前所未有的巨大冲击。可以说,物联网、云计算和大数据的紧密结合将成为当今社会发展的核心驱动力量,而物联网是其中最重要的基础环节。

物联网关键在于两点:物联和感知。首先,物联就是实现物物互联,其中互联的方式很多,除了需要各类通信网络之外,终端区的物联方式包括接触式和非接触式(如压力传感器属于典型的接触式,RFID 技术为典型的非接触式)。其次,物联网的精髓在于"感知",在物联网的基础上利用各类智能处理手段实现对人、对物、对物理世界和虚拟世界万事万物的感知和控制。若从仿生学角度理解物联网可能更直观:一个典型的物联网结构很类似于人的神经系统,要具备各类神经元、神经、脊柱和脑,然后这些器官能够分工协作以完成各类功能,如运动、操作、记忆、思维等。物联网终端的感知设备类似于人体的各类神经元,能够完成各类感觉(如视、听、闻、触等);物联网的智能系统和感知中心类似于低级神经中枢和大脑。因此,我们认为将物联网称为"物联感知网"可能更容易理解一些(相当于"广义传感网"),那么中国的物联感知网就可以简称为"感知中国",世界物联感知网可以称为"感知世界"(相当于"智慧地球")。物联感知网在各类场合的具体应用系统实际上就是各类智能系统(如"智慧电力""智慧银行"等)。

第二节　与物联网相关的一些重要概念

一、物联网感知层

物联网感知层是物联网的最底层,但是其实现的却是物联网定义中全面感知的核心性质。其主要解决现实世界中的数据获取问题。物联网中各种感知技术被广泛应用，不同的感应器被赋予的使命也是不同的，其传输的数据格式也不尽相同。传感器数据具有实时性，按程序规定的周期采集，不断更新数据。物联网运用的射频识别器、全球定位系统、红外感应器等传感器，类似于人们的眼睛、耳朵等五官，可以识别温度、声音、空气中的化学物等各类事物的数据信息。这些传感设备，能让任何没有生命的物品，比如汽车，实现拟人化，让物体也有感知能力，从而设定阈值，实现对物体的智能化控制。

二、物联网网络层

快速有效的网络通信是物联网建设的基础。网络层的通信区别于感知层的感应器之间的数据传输，其解决的是物联网中的长距离通信问题。网络层是物联网中标准化程度最高、产业化能力最强、最成熟的部分。其通过各种私人网络、互联网、有线通信网、无线通信网等组成了类似于人的神经中枢的信息传递与处理平台。网络层除了传递数据外，还兼有信息处理、信息交互和信息优化的职责。

三、物联网应用层

物联网应用层则是将物联网感知层与物联网网络层提供的丰富的应用呈现在人们面前，是物联网和用户的接口。其与相关行业相结合，比如与农业相结合形成的智慧农业，通过田间的或者池塘里的感应器检测农作物的生长环境，结合相应的设备，保持利于农作物生长的最优环境。这种物联网的基础应用，也是物联网的最终目标。将物联网与行业技术相结合，应对不同行业不同需求形成相对的解决方案。实现行业智能化，有利于行业实现融合、交互的资源配置，以及各种信息资源的开发利用和低成本高质量的行业成本优化方案。通过感知层收集的大量的、多样化的数据，需要相应强大的处理能力才能实现想要的物联网应用。所以应用层的架构需要其余两层相互配合。

四、RFID 技术

射频识别是一种无线通信技术，可以通过无线电信号识别特定目标并读写相关数据，而无须在识别系统与特定目标之间建立机械或者光学接触。无线电的信号是通过调成无线电频率的电磁场，把数据通过附着于物品上的标签传送出去的，以自动辨识与追踪物品。

某些标签在识别时从识别器发出的电磁场中就可以得到能量,并不需要电池;有的标签本身也拥有电源,并可以主动发出无线电波(调成无线电频率的电磁场)。标签包含了电子存储的信息,数米之内都可以识别。与条形码不同的是,射频标签不需要处在识别器视线之内,可以嵌入被追踪物体之内。许多行业都运用了射频识别技术。将标签附着在一辆正在生产中的汽车上,厂方便可以追踪此车在生产线上的进度,仓库也可以追踪其所在。射频标签也可以附于牲畜与宠物上,方便对牲畜与宠物的积极识别(积极识别的意思是防止数只牲畜使用同一个身份)。射频识别的身份识别卡可以使员工得以进入锁住的建筑部分,汽车上的射频应答器也可以用来征收收费路段与停车场的费用。某些射频标签可附在衣物、个人财物上,甚至植入人体之内。由于这项技术可能会在未经本人许可的情况下读取个人信息,所以也存在侵犯个人隐私的忧患。

五、传感网

传感网有狭义和广义之分,狭义的传感网是由传感器构成的网络,利用大量的微型传感计算节点通过自组织网络以协作方式进行实时监测、感知和采集各类环境或监测对象的信息。目前,该技术主要是以微型传感模块和组网模块共同构成的网络,缺乏接入互联网的能力;并且多为感知信号,并不强调对物体的标识。因此从这个视角来看,"物联网"的概念比"传感网"要宽,物联网感知物的手段除了传感器外,还有条码、RFID 等。那么随着互联网技术的进步和多种接入网络以及智能计算技术的发展,"传感网"的内涵和外延也发生了显著变化。广义的传感网是指以物理世界的信息采集和信息处理为主要任务,以网络为信息传递的载体,实现 T2T、T2H、H2H 的信息交互,提供信息服务的智能网络系统。随着 IT 环境与计算技术的发展,扩展后的传感网与物联网的区别已经不大。

六、M2M(Machine to Machine)通信

M2M 是 T2T 通信模式中的一种,主要包括了机器对机器、机器对移动电话和移动电话对机器的无线通信,以实现设备的实时数据在系统之间、远程设备之间的无线连接。而物联网包括了多种不同的通信模式,如 T2H、H2H 等通信。因此"M2M"并不是真正的物联网,可以理解为是物联网中的一环。

七、云计算

云计算是一种理想的网络计算模式,即通过网络以按需求、易扩展的方式获得所需服务。终端使用者无须了解其中的细节和相应的专业知识,也无须直接控制,只需要关注自己真正需要什么样的资源以及如何通过网络来得到相应的服务即可。它的目的是解决互联网发展所带来的巨量数据与处理问题。目前,无论是互联网巨头 Google、Amazon,还是软件巨头微软、IT 巨头 IBM、SUN,都在加大对"云计算"的投资和研发力度,力争掌握主动权。随着物联网的发展,相信其带来的海量数据存储与计算问题将更需要云计算技术的支持。因此可以说物联网和云计算是相辅相成的。

八、区块链

区块链(Block Chain)是分布式数据存储、点对点传输、共识机制、加密算法等计算机技术的新型应用模式。所谓共识机制是区块链系统中实现不同节点之间建立信任、获取权益的数学算法。其本质上是一个去中心化的数据库,比特币应用的就是区块链的底层技术。区块链是一串使用密码学方法相关联产生的数据块,每一个数据块中包含了一次比特币网络交易的信息,用于验证其信息的有效性(防伪)和生成下一个区块。狭义上讲,区块链是一种按照时间顺序将数据区块以顺序相连的方式组合成的一种链式数据结构,并以密码学方式保证的不可篡改和不可伪造的分布式账本。广义上讲,区块链技术是利用块链式数据结构来验证与存储数据、利用分布式节点共识算法来生成和更新数据、利用密码学的方式保证数据传输和访问的安全、利用由自动化脚本代码组成的智能合约来编程和操作数据的一种全新的分布式基础架构与计算范式。

第三节　物联网的技术发展和主要应用

近年来全球各国围绕物联网的技术研究和创新活动持续活跃,这也加速了物联网国际标准化的进程。物联网体系架构对推动物联网应用规模和可持续发展具有重要意义,进而成为全球科技关注和推进的重点。多种短距离通信技术互补共存并面向重点行业领域特殊需求加快优化和适配,无线传感网方面跨异构传输机制的网络层和应用层协议成为研发热点；语义技术作为推进物联网感知信息自动识别处理和共享的基础也受到普遍重视；物联网与移动互联网在端管云多层融合方面正呈现协同发展趋势。

一、物联网体系架构设计依然是国际关注和推进的重点

针对物联网的通用体系架构研究成为国际关注的重点，欧盟在 FP7 中设立了两个关于物联网体系架构的项目，其中 SENSEI 项目目标是通过互联网将分布在全球的传感器与执行器网络链接起来，IOT-A 项目目标是建立物联网体系结构参考模型。韩国电子与通信技术研究所（ETRI）提出了泛在传感器网络（Ubiquitous Sensor Network，USN）体系架构并已形成国际电信联盟（ITU）标准，目前正在进一步推动基于 Web 的物联网架构的国际标准化工作。物联网标准化组织（oneM2M）自成立以来，在需求、架构、语义等方面积极开展研究，目前正在积极开展基于表征状态转移风格（RESTful）的体系架构的标准化工作。

二、感知层短距离通信技术共存发展

针对物联网应用特点和低功耗目标，各国际组织不断推动新的技术标准研究。IEEE802.11 针对物联网应用场景，正在开发工作在 1GHz 以下频段面向物联网应用的 802.11ah 协议标准，目标是支持更灵活的速率（如低速率）等级，可支持上千个节点和长时间电池供电。EEE802.15.4q 工作组针对传感网应用正在开发超低功耗无线个域网标准，目标功率降低到 15mw 以下。蓝牙特别兴趣组（SIG）推出的蓝牙 4.0 版本标准中，最大特点是支持低功耗模式。根据 SIG 的测试，低功耗蓝牙与高速蓝牙相比，能够降低近 90% 的功耗，使用 1 颗纽扣电池的工作时间最多可达 1 年以上。

智能电网、智能交通、智能医疗等应用市场的发展，推动不同无线技术在不同应用场景下的竞争融合发展。智能电网领域将形成基于 802.15.4g 与 802.11ah 之间的竞争格局；智能交通领域基于 802.11p 的短距离通信技术和基于 LTE 的宽带移动通信技术都有一定程度的应用；智能医疗领域支持低功耗模式的蓝牙 4.0 版本和基于 802.15.6 的体域网技术共存发展。

三、无线传感网技术应用步伐加快

IP 化步伐加快。虽然目前无线传感网组网仍以非 IP 技术为主，但将 IP

技术,特别是 IPv6 技术延伸应用到感知层已经成为重要趋势。互联网工程任务组(IETF)积极推动轻量级 IPv6 技术在无线传感器网中的应用,6LoWPAN、ROLL、COAP 等核心标准已经基本制定完成,其中 6LoWPAN 协议底层采用 IEEE802.15.4 规定的物理层(PHY)和媒质接入控制(MAC)层协议,网络层则根据节点资源受限和低功耗等特点对 IPv6 协议进行了裁剪和优化。ZigBee 联盟的智能电力 SmartEnergy2.0 应用框架已经全面支持 IP 协议,同时联盟还成立了 IP-stack 工作组以制定 IPv6 协议在 ZigBee 中的应用方法。工业无线标准 ISA-Type100.11a 已明确支持 6LoWPAN 协议。围绕轻量级 IPv6 的互操作性测试成为产业界推进重点,IPSO 联盟、欧盟 PROBE-IT 项目分别在全球范围内组织开展了互操作性测试。

四、物联网语义从传感网本体定义向网络/服务/资源本体延伸

为了解决物联网中由于资源异构及跨系统分布引起的资源互操作性问题,语义技术被引入物联网中。语义提供更适合机器处理的数据描述,有利于实现物联网各种信息的开放共享以及对信息的自动处理。W3CSSN-IG(Semantic Sensor Network Incubator Group)已经基本完成对传感网本体的定义,包括对传感器感知数据、传感器节点本身、处理进程等的定义。同时物联网语义研究及本体定义范围不断扩展,oneM2M 组织设立抽象语义能力项目,研究如何定义和实现语义能力;欧盟 IOT.est 项目给出了端到端的物联网本体框架,正在开展物联网服务、资源、测试、服务质量方面的本体研究。

五、物联网与移动互联网在终端、网络、平台及架构上融合发展

物联网与移动互联网正在各个层面融合发展。终端层面,操作系统是融合发展的技术轴心。当前,主流移动终端操作系统不断提升对传感、交互技术的支持,同时通过提供终端与周边设备之间的控制接口,力图成为体域、家居、车域等环境中周边设备的控制中心。例如谷歌通过开放配件应用程序接口(AOA API)支持安卓终端基于 USB、蓝牙、Wi-Fi 等的通信协议,实现与周边设备之间的互联协同。操作系统的应用范畴已超越了智能手机和平板电脑的边界,针对可穿戴设备、智能电视、家庭网关、车载系统等新型设备进行定制与裁剪。网络层面,3GPP 正在研究机器类通信(Machine Type Communications,MTC)和智能终端对现有网络架构的影响。平台层面,通过 RESTful、MQTT、Socket 等协议向第三方开发者开放数据读取或控制能力成为发展重

点,针对物联网的开发工具包(SDK)及调试工具等的逐渐出现,与应用程序商店、社交网络、微博、搜索引擎等的融合成为物联网感知信息分发共享的未来方向。架构层面,互联网理念和 Web 理念不断向物联网渗透,ITU-T 已经发布了基于 Web 的物联网架构标准,即 Y.2063。oneM2M 架构采用 Web 化理念,一切可访问的数据、对象、实体均抽象为资源(resource),由统一的 URI 进行标识;IETF 制定的资源受限物体应用层协议(COAP 协议),即是 REST 风格面向资源受限网络的协议。

目前,全球物联网的总体状况还停留在概念和试验阶段,要真正达到物物互联,实现物联网的全球应用,尚需较长时间。EPOSS 在"Internet of Things in 2020"报告中分析预测,全球物联网的发展将历经四个阶段,2010 年之前 RFID 被广泛应用于物流、零售和制药等行业领域;2010—2015 年实现物体互联;2015—2020 年物体进入半智能化;2020 年后物体进入全智能化。

第四节 以美、日、韩、欧为代表的国外物联网发展现状

在国外方面,虽然物联网的概念和早期实践早在 20 世纪 90 年代就完成了,但是一直未引起国际社会的重视。一是因为物联网缺乏技术基础,二是物联网早期实用性不强。可以说物联网的正式兴起是在 2000 年以后,各国纷纷开始制订信息通信技术发展计划。物联网产业也跟着发展起来。近几年来,促进物联网发展的很重要的原因是各国经济不景气,因此试图通过物联网产业发展来拉动经济。尤其是美国的"智慧地球"就是 2008 年以后奥巴马政府倡导的,它与克林顿时期的快速发展硅谷信息产业有异曲同工之处。

当今随着电子技术的发展,各类传感器技术逐渐成熟。在我们日常生活中,传感器应用也越来越普遍。如商品上的条形码、电子标签等。再加上云计算、互联网通信技术的普及,这些都为物联网产业的发展奠定了基础。

一、美国

奥巴马总统就职后,积极回应了 IBM 公司提出的"智慧地球"的概念,并很快将物联网的计划升级为国家战略,投入巨资深入研究物联网相关技术。无论基础设施、技术水平还是产业链发展程度,美国都走在世界各国的前列,已经趋于完善的通信互联网络为物联网的发展创造了良好的先机。

"智慧地球"的核心是以一种更加智慧的方式,有效采用新型信息技术来改变政府、公司和人们相互交流的传统方式,进而提高交互过程的针对性、灵活性和响应速度。简单地说,"智慧地球"与物联网之间的关系可以表示为"互联网+物联网=智慧的地球"。

例如,智能电网就是这些"智慧方案"中颇为吸引眼球的方案之一。智能电网是指在传统的物理电网基础之上,建立基础信息沟通平台,使相关设备、装置、系统、用户、员工和用电量等互动起来,通过对用户和需求侧的随需访问和智能分析,实现更智慧、更科学、更优化的电网运营管理,进而实现更高的安全保障、可控的节能减排和可持续发展的目标。有关分析认为,能源产业就是美国内需和创新的最佳结合部,是美国手上两张王牌的结合点,它既可以解决内需置换,也可以促进创新出口。

百年一遇的美国金融危机后,各国正在寻求能够走出金融危机阴影、重现经济繁荣和发展的"良药"。美国的"智慧地球"计划让世界各国开始重新审视物联网。对于美国来说,"智慧地球"计划的重要意义在于,政府通过在宽带网络、智慧医疗和智慧电网等新一代智慧型基础设施方面投入巨资,不仅可以大大降低美国的失业率,而且还将帮助美国建立21世纪的长期竞争优势。同时,作为IT新技术革命的产物,"智慧地球"对于世界各国的深远影响,可能会超过互联网。通过加大对新一代智慧型基础设施的投资力度,可以有效刺激经济复苏,为世界经济走出困境提供有力支撑。

二、日本

在21世纪日新月异的信息化发展浪潮中,日本因其高质量的网络建设、先进的信息技术应用和前瞻性的信息产业战略规划,成为全球ICT(信息通信技术)领域的领先国家,"x-Japan"模式一直是世界各国研究的热点。

副首相级首席信息官(CIO)、国民个人电子文件箱、教育电子化——当这些名词出现的时候,意味着日本已经转变了他们信息化战略的方向。自20世纪90年代中期以来,日本政府相继制定了多项国家信息技术发展战略,实现了从"e-Japan"到"u-Japan"再到"i-Japan"的三级跳。该国从大规模开展信息基础设施建设入手,稳步推进,不断拓展和深化信息技术的应用,以此带动本国社会、经济发展。这不仅仅是首个字母的变化,更书写着日本信息化战略一代又一代的发展与变革。其中,日本的u-Japan、i-Japan战略与当前提出的物联网概念有许多共同之处。

据不完全统计,到 2000 年年底,日本的互联网用户数约为 4 700 万人,同比增长率高达 74%,互联网的普及率更是由 1999 年年底的 21% 提升到 37%。这是个可喜的成绩,但当时日本的有线和无线网络的应用情况仍然让政府有些担忧,日本急切需要实现信息产业的进一步升级。在这一背景下,2000 年 7 月,日本政府成立了国家信息化的集中研究组织——IT 战略总部。该组织很快为日本政府确立了"e-Japan(电子日本)"的发展战略,并在此基础上推出了 2002 年"e-Japan"工程计划。根据该计划,日本要求在 2002 年建成全国各级政府网络的基本构架。可以说,从家庭、学校到政府,从核心干道到偏远地区,"e-Japan"战略的实施推进了日本各项基础设施的建设。

(一) u-Japan

尽管宽带普及率迅速提高,但宽带的实际使用率却不禁让人一惊:DSL(数字用户线)、CM(电缆调制解调器)和 FTTH(光纤到户)的实际使用量分别只占到设施能力的 30%、11% 和 5% 左右。面对这一状况,2004 年 3 月,日本政府召开了"实现泛在网络社会政策"座谈会。2004 年 5 月,日本信息通信产业的主管机关总务省(MIC)提出了"u-Japan(泛在日本)"发展战略,日本将建成一个"任何时间、任何地点、任何人、任何物"都可以上网的环境。除了泛在性,u 的理念还包括普及性(universal)、用户导向性(user-oriented)和独特性(unique)三个方面。

此战略以基础设施建设和使用为核心,重点在三个方面开展工作:一是泛在社会网络的基础建设。希望实现从有线到无线、从网络到终端,包括认证、数据交换在内的无缝链接泛在网络环境,100% 的国民可以利用高速或超高速网络。二是 ICT 的高度化应用。希望通过 ICT 的广泛应用,促进社会系统的改革,解决高龄少子化社会的医疗福利、环境能源、防灾治安、教育人才、劳动就业等 21 世纪面临的新问题。三是与泛在社会网络基础建设和 ICT 应用高度相关联的安心、安全的利用环境。此外,贯穿在三个方面之中的横向战略措施还包括了其国际战略和技术标准战略。

(二) i-Japan

日本政府指出,日本的通信基础设施已在世界领先,然而各公共部门利用信息技术的进程却十分缓慢。为了解决这一问题,2009 年 7 月,日本政府补拨了 1 万亿日元预算用于信息技术的发展,并推出了助力公共部门信息化应用的"i-Japan"战略。该战略的目标是让数字信息技术进入每一个角落,它将成为转动公共部门的网络齿轮。

首先，日本将 i-Japan 政策目标聚焦于三大公共事业，即电子化政府治理、医疗健康信息服务、教育与人才培育。其次，该战略提出要推广"国民电子个人信箱"，通过广泛采用数字通信技术实现"新的行政改革"，简化行政流程，实现政务透明化、高效化和标准化。最后，该战略高度重视远程教育、远程医疗和电子病历等应用的发展。总的来看，通过多年实践，日本的信息化建设实现了从"e-Japan""u-Japan"到"i-Japan"的"三级跳"。

三、韩国

韩国也经历了类似的发展过程。2002 年 4 月，韩国提出了"e-Korea（电子韩国）"发展战略，主要目标是加快 IT 基础设施建设，充分发挥尖端科技在韩国经济和社会发展中的关键作用。为了配合"e-Korea"战略，该国于 2004 年 2 月推出了 IT839 战略。2004 年 3 月，韩国信息通信部（MIC）在 u-Korea 策略规划小组成立后，陆续公布了 u-Korea 政策方针和发展战略。该战略可确保所有韩国人可以在任何时间、任何地点都能享受到现代信息技术带来的极大便利，它意味着信息技术与服务的发展不仅要服务于经济发展，而且要最大限度地满足人们日常生活的需要。2007 年 8 月 7 日公布的 KCC·2008·108 文件，正式宣布韩国通信委员会（KCC）取代过去的韩国信息通信部。

（一）u-Korea 的愿景和发展策略

u-Korea 的目标是建立泛在社会，主要通过部署智能网络（包括 16 网络、宽带融合网络和泛在传感器网络等）、应用最先进的信息技术（如射频识别技术、数字多媒体广播技术、远距离通信技术、全球定位技术），让普通韩国人随时随地享受高科技带来的惊喜。终极目标除了通过发展新兴信息技术振兴 IT 产业、提高国家竞争力之外，还要运用信息技术来提升韩国民众的生活品质。

为了实现上述目标，u-Korea 提出了基于 BEST 泛在基础设施构建 FIRST 泛在社会的发展战略，内容包括 BEST 四项关键基础环境建设以及 FIRST 五大应用领域开发。

（二）u-Korea 政策执行阶段

u-Korea 可划分为发展阶段与成熟阶段。

发展阶段（2006—2010）：此阶段的任务是建设 u-Korea 基础环境，应用先进成熟的信息技术，制定泛在社会的规章制度。除发展泛在物流配销体系、泛在健康医疗等泛在服务和扶植泛在产业与新兴市场外，也将完成泛在网络基础设施建设、IT技术在生物科技与纳米科技各领域的应用,建立泛在社会规范。本阶段预期完成的目标包括:使韩国跻身全球前15位最具竞争力和前25位高生活水准的国家,将人均国民收入提高到22 000美元。

成熟阶段(2011—2020):此阶段重点任务为推广泛在服务。除将泛在服务推广应用于国内各个产业外,将国内泛在服务推广至海外市场也是本阶段的核心任务。此外,将嵌入式智能芯片、生物科技与纳米科技、IT技术活用,稳定泛在社会文化,也是本阶段发展的重要内容。本阶段预定完成的目标包括:跻身全球前10位具有竞争力和前25位高生活水准的国家,将人均国民收入提高至30 000美元。

四、欧盟

为在未来物联网的发展中发挥主导作用,欧盟近年来极力鼓励和促进欧盟各成员国物联网产业的发展,并将发展物联网作为推动欧盟数字经济的重要动力。2010年7月,第二届物联网大会在布鲁塞尔召开。欧盟官员及来自世界各地的企业主管、专家学者、法律人士和消费者代表等齐聚布鲁塞尔,就物联网发展前景与挑战、带来的机遇与风险、对人们日常生活的影响等方面进行了广泛而深入的讨论。欧盟决定成立一个由相关各方组成的专家小组,就未来物联网的管理机制、数据所有权、隐私权、技术标准、国际合作等问题向欧盟委员会提供建议。

物联网已成为欧盟实施《欧洲数字计划》的重要抓手之一。该计划于2010年5月19日提出,它是欧盟抢占数字经济发展制高点的一个重大举措,其中100项主要行动中有许多都要靠物联网来落实。《欧洲数字计划》是旨在取得稳定、持续和全面经济增长的《欧洲2020年战略》的重要组成部分。该计划为欧盟今后推进数字革命和建立信息社会提出了7大优先目标。其主要内容包括:一是建立一个统一数字市场,以实现数字时代的便利和好处;二是建立更好的信息化标准,提高网络互用性;三是增强网络安全和人们对网络的信任;四是提高互联网接入速度;五是增加在信息通信领域研究与开发的投资;六是提高人们的数字技能和让更多人学会使用网络;七是充分发挥信息通信技术的潜力,让全社会受益。

2009年6月18日,欧盟委员会提出了《欧盟物联网行动计划》,欧盟希望通过该计划来构建科学合理的新型物联网管理框架,进而引领全球物联网产业向前发展。《欧盟物联网行动计划》的出台,标志着物联网建设已经提到欧盟委员会议事日程。该计划共包括9个部分、14项内容。9个部分即物联网管理、安全性保证、标准化、研究开发、开放与创新、达成共识、国际对话、污染管理和未来发展。14项内容即管理体制制定、立法保证、政策框架制定、芯片沉默权利、关键资源发展、强制标准制定、研究资助、研究项目整合、创新项目试点、定期汇报、加强国际对话、RFD循环、统计数据、演进评估。

《欧盟物联网行动计划》描述了物联网的三个基本特性：一是物联网不是互联网的简单延伸，它需要在互联网的基础上，新建智能基础设施来实施；二是物联网将与新业务同步发展；三是物联网包含的通信模式呈现多样化趋势。

《欧盟物联网行动计划》得出的最后结论是：物联网尚未成熟，目前还仅仅是一个技术愿景，在未来5至15年中，它将为改变社会运作方式、解决现代社会问题做出极大贡献；欧盟可以引领全球物联网产业发展，并从中获益；该计划将成为欧盟加快物联网发展的驱动力。

五、物联网发展四大主导国比较

通过对物联网发展的四大主导国——美国、德国（欧盟）、韩国、中国的不同竞争力背景可以比较各国不同主导因素的物联网技术创新动力机制的差异。根据世界经济组织2010年发布的《2010—2011年全球竞争力报告》，美国的全球竞争力排名为第4位，德国的排名为第5位，韩国的排名为第22位，中国的排名为第27位。这四个国家全球竞争力的细化指标分别包括制度、基础设施、宏观经济环境、健康和初等教育、高等教育和培训、商品市场效率、劳动力市场效率、金融市场发展、科技准备度、市场容量、商业成熟度和创新12个方面的指标。每项指标的得分为1~7分，每项指标的得分在以下蛛网图中（图3.1—3.4）用线连接起来形成一个不规则的多边形，哪个国家的多边形面积越大且形状越圆润则说明其得分越高，即全球竞争力越强。

从图3.1—3.4可以看出，总体上美国和德国的多边形面积大且形状圆润，说明其各方面竞争力强且均衡；韩国的多边形面积与美国和德国相比略小，但形状也圆润，说明其竞争力也比较强且均衡；中国的多边形最大的特点是形状畸形，说明竞争力不均衡，有些条件优越，有些则成为发展的瓶颈。

下面我们通过将指标具体划分为宏观经济环境因素、技术创新因素、需求因素和制度因素四类来加以分析。

第一类，宏观经济环境因素：包括基础设施、宏观经济环境、健康和初等教育三个指标,这些是一个国家产业创新和经济发展的基础条件。

第二类,技术创新因素:包括创新、科技准备度、高等教育和培训三个指标。创新指标直接从科技创新的角度给出得分。科技准备度则是测量经济将已经存在的科技(包括自主研发和技术转移)应用于产业所带来的生产能力和效率。高等教育和培训指标则是衡量未来创新的潜力。因此,这三个指标从多方面说明了一个国家的技术创新。

第三类,需求因素:由市场容量指标和市场效率指标两个方面来说明。其中,市场容量指标在全球化的角度下考虑的是国内和国际两个市场。市场效率指标包括商品市场效率、劳动力市场效率、金融市场发展和商业成熟度四个指标。

第四类,制度因素:由制度指标来考察,包括公共制度(产权、道德与腐败、政府影响和效率以及国家安全)和私人制度(公司道德和会计制度等)。

美国在技术创新方面的指标高出发达经济体平均水平10.78%,说明其完全具有创新型社会发展所需要的技术创新要求。其宏观经济环境和制度方面指标都与发达经济体平均水平相近,能够支持"物联网+"的创新与发展。在需求方面,一是美国的市场容量要高出发达经济体平均水平的53.33%;二是美国各市场效率平均高出发达经济体平均水平的5.06%。这说明在物联网技术供给充分和制度完善的条件下,会在很大程度上诱致物联网技术变迁、完善和高等级地发展,并通过其有效的金融市场运作来实现"物联网+"的发展和创新,即形成由需求拉动的业务创新动力机制。具体见图3.1。

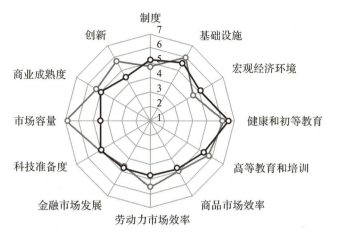

注：资料来源于《2010—2011年全球竞争力报告》，灰线为美国得分，黑线为创新驱动国家（发达）平均水平。

图 3.1　美国创新驱动水平

德国的总体情况与美国相近。其在技术创新方面的指标高出发达经济体平均水平的 7.15%。其宏观经济环境和制度方面指标比发达经济体平均水平分别高出 13.6% 和 5.77%。在需求方面，一是德国的市场容量要高出发达经济体总体平均水平的 33.33%；二是德国各市场效率平均高出发达经济体总体平均水平的 1.43%。这说明德国也可以形成由需求拉动的"物联网＋"的创新动力机制。具体见图 3.2。

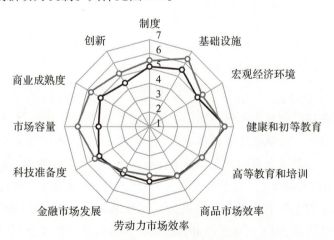

注：资料来源于《2010—2011年全球竞争力报告》，灰线为德国得分，黑线为创新驱动国家（发达）平均水平。

图 3.2　德国创新驱动水平

韩国在技术创新方面的指标高出发达经济体平均水平的2.2%，也处于先进水平。但由于其制度指标低于发达经济体平均水平的23.08%，而且在需求方面虽然韩国的市场容量要高出发达经济体平均水平的24.44%，但韩国各市场效率平均低于发达经济体总平均水平的9.82%。也就是说韩国对"物联网＋"创新有新的需求，但不能像美国和德国那样在有效率的制度下通过高效率的金融市场以及其他市场的配合运作来实现社会发展的创新驱动，而且，由于韩国不是一个大经济体，它的市场效率与其整体经济发展比较吻合，这样市场效率就不会成为其社会发展的主要瓶颈因素。所以韩国需要通过本国的物联网等技术创新来推动生产可能性边界。具体来说，技术创新一方面直接推动"物联网＋"的创新发展，另一方面对制度创新也提出更高的需求。具体见图3.3。

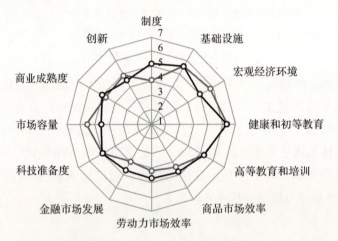

注：资料来源于《2010—2011年全球竞争力报告》，灰线为韩国得分，黑线为创新驱动国家（发达）平均水平。

图3.3 韩国创新驱动水平

中国在技术创新方面的指标低于发达经济体平均水平的22.47%，处于相对落后水平。这就使中国很难通过"物联网＋"等技术创新来直接推动产业的革命。在需求方面的情况和韩国比较相近，市场容量要高出发达经济体平均水平的48.89%（接近于美国的水平），但中国各市场效率平均低于发达经济体总平均水平的9.20%。也就是说同韩国一样，中国对"物联网＋"创新有很高的需求，但不能像美国和德国那样在有效率的制度下通过高效率的金融市场以及其他市场的配合运作来实现社会经济发展的创新驱动。同时由于中国是个大经济体，市场效率会成为技术创新发展的瓶颈因素。在这种情况下,中国更多地要通过制度创新来提高竞争力。通过新的组织形式、技术创新方式的制度化、市场制度的完善、政府政策支持以及产权制度的激励来改变收益-成本结构,一方面促进物联网技术变迁和创新的发展,另一方面也对既定技术水平条件下的各个市场效率的提高产生影响,从而形成制度驱动型的社会经济发展的创新动力机制。具体见图3.4。

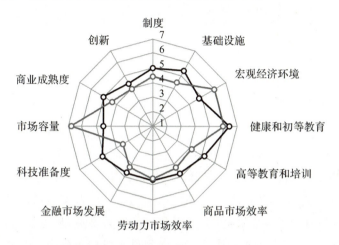

注:资料来源于《2010—2011年全球竞争力报告》,灰线为中国得分,黑线为创新驱动国家(发达)平均水平。

图3.4 中国创新驱动水平

第四章
我国物联网发展现状与趋势分析

物联网作为我国战略性新兴产业的重要组成部分,正在进入深化应用的新阶段。物联网与传统产业、其他信息技术不断融合渗透,催生出新兴业态和新的应用,在加快经济发展方式转变、促进传统产业转型升级、服务社会民生方面正发挥着越来越重要的作用。我国物联网产业发展虽然不具备太多先发优势,但是大力发展面向 21 世纪急需的新兴产业是我国实现中华民族伟大复兴的一项国家战略。从政府层面到科研机构再到企业都将推进物联网新兴技术与产业的发展作为新世纪的重大使命。

第一节 我国物联网产业发展现状

一、我国物联网健康发展的政策环境日趋完善

经过几年的发展,我国物联网在技术研发、标准研制、产业培育和行业应用等方面已具备一定基础,但仍然存在一些制约物联网发展的深层次问题需要解决。为了推进物联网有序健康发展,我国政府加强了对物联网发展方向和发展重点的规范引导,不断优化物联网发展的环境。

(一) 物联网顶层设计显著加强

我国政府高度重视物联网顶层设计。2012 年 8 月确立了物联网发展部际联席会议制度,相关部门协力推动物联网的发展。2013 年 2 月,国务院发布了《关于推进物联网有序健康发展的指导意见》,针对物联网发展面临的突出问题,以及长远发展的需要,从全局性和顶层设计的角度进行了系统考虑,

确立了发展目标,明确了下一阶段的发展思路。同时,国家还成立了由30多名专家组成的物联网发展专家咨询委员会,为物联网发展战略、顶层设计、重大政策、重大问题等方面提供咨询,为政府决策和部际联席会议运行提供重要支撑。物联网发展专家咨询委员会办公室设立在工业和信息化部电信研究院。

(二)十个发展行动计划明确了主要工作任务

2013年9月,国家发展改革委、工业和信息化部等10多个部门,以物联网发展部际联席会议的名义印发了顶层设计、标准制定、技术研发、应用推广、产业支撑、商业模式、安全保障、政府扶持措施、法律法规保障、人才培养十个物联网发展专项行动计划,为后续有计划、有进度、有分工地落实相关工作,切实促进物联网健康发展明确了方向目标和具体举措。

(三)各部门积极推动物联网发展

国家发展改革委、工业和信息化部、财政部、科技部、国家标准委等各部门通过设立专项资金,为物联网应用示范工程、技术研发与产业化项目提供大力支持。发改委自2011年起先后启动了28项国家物联网重大应用示范工程,2013年10月份又发布了《国家发展改革委办公厅关于组织开展2014—2016年国家物联网重大应用示范工程区域试点工作的通知》。财政部会同工业和信息化部设立了物联网发展专项资金,自2011年起累计安排物联网专项资金15亿元,陆续支持了500多个研发项目,重点对以企业为主体的物联网技术研发和产业化项目进行扶持。科技部支持组建了物联网产业技术创新战略联盟。国家标准委联合国家发展改革委支持成立了物联网国家标准基础工作组和5个行业应用标准工作组。公安部、农业农村部等部门和部分中央企业实施了一批重大应用示范工程。多个地方政府加大投入力度,出台地方规划和行动方案,建立协同推进机制,积极推广物联网应用,取得了积极成效。

二、物联网应用发展进入实质性推进阶段

物联网的理念和相关技术产品已经广泛渗透到社会经济民生的各个领域,在越来越多的行业创新中发挥关键作用。物联网凭借与新一代信息技术的深度集成和综合应用,在推动转型升级、提升社会服务、改善服务民生、推动增效节能等方面正发挥重要的作用,在部分领域正带来真正的"智慧"应用。

(一) 物联网推动了工业转型升级

物联网在工业领域有坚实的应用基础,主要集中在制造业供应链管理、生产过程工艺优化、产品设备监控管理、环保监测及能源管理、工业安全生产管理等环节。物联网在钢铁冶金、石油石化、机械装备制造和物流等领域的应用比较突出,传感控制系统在工业生产中成为标准配置。例如,工程机械行业通过采用 M2M、GPS 和传感技术,实现了百万台重工设备在线状态监控、故障诊断、软件升级和后台大数据分析,在传统的机械制造领域引入了智能。采用基于无线传感器技术的温度、压力、温控系统,在油田单井野外输送原油过程中彻底改变了人工监控的传统方式,大量降低能耗,现已在大庆油田等大型油田中规模应用。物联网技术还被广泛用于全方位监控企业的污染排放状况和用于水、气质量监测,我国已经建立了工业污染源监控网络。

(二) 物联网应用在农业领域激发出更高效的农业生产力

物联网可以应用在农业资源和生态环境监测、农业生产精细化管理、农产品储运等环节。以山东禹城"智慧农业"项目为例,利用卫星遥感、视频监控、无线感知等先进技术,整合多种涉农资源,建成了农村信息化服务网络,已覆盖 1 000 多个村,使禹城市机械耕作成本大大降低,农田灌溉用水量平均减少 20%,节肥 20% 以上。黑龙江农垦区采用自动辅助驾驶系统后,机车作业效率提高 50% 以上,通过对稻田渠道出入口流量的实时监测和控制,大大节约了灌溉用水。国家粮食储运物联网示范工程采用先进的联网传感节点技术,每年可以节省几个亿的清仓查库费用,并减少数百万吨的粮食损耗。

(三) 在交通运输方面利用物联网可以优化资源、提升效率

近几年,我国智能交通市场规模一直保持稳步增长,在智能公交、电子车牌、交通疏导、交通信息发布等典型应用方面已经开展了积极实践。智能公交系统可以实时预告公交到站信息,如广州试点线路实现了运力客流优化匹配,使公交车运行速度提高,惠及沿线 500 万居民公交出行。ETC 是解决公路收费站拥堵的有效手段,也是确保节能减排的重要技术措施,到 2013 年年底,全国 ETC 用户超过 500 万。交通部于 2015 年年底完成 ETC 全国联网,主线公路收费站 ETC 覆盖率达到 100%,ETC 用户数量达到 2 000 万。我国已有 5 个示范机场依托 RFID 等技术,实现了航空运输行李全周期的可视化跟踪与精确化定位,使工人劳动强度降低 20%,分拣效率提高 15% 以上。

(四) 我国 M2M 用户增长迅速,居全球首位

2013 年年底,我国 M2M 用户数达到 5 000 万,相比 2012 年的 3 400 万用

户,增长了 47%。目前,三大电信运营商开展的 M2M 应用主要分布在电力、交通、公共服务、家庭、金融、制造、工业控制和安全监控等领域。中国移动于 2012 年 9 月在重庆成立了中移物联网有限公司,以分公司的方式进行市场化经营。中国电信物联网分公司也于 2014 年 3 月份在江苏无锡新区成立。我国已经规划了 1064 号段共计 10 亿个专用号码资源用作 M2M。根据 GSMA 的统计,目前我国 M2M 用户数全球居首位,中国移动也成为全球最大的 M2M 运营商。

(五) 物联网在智能电网领域的应用相对成熟

国家电网公司已在总部和 16 家省网公司建立了"两级部署、三级应用"的输变电设备状态监测系统,实现对各类输变电设备运行状态的实时感知、监视预警、分析诊断和评估预测。在用户层面,智能电表安装量已达到 1.96 亿只,用电信息自动采集突破 2 亿户。2014 年国家电网启动建设 50 座新一代智能变电站,完成了 100 座变电站智能化改造,全年安装新型智能电表 6 000 万只。南方电网的发展规划中也明确要推广建设智能电网,到 2020 年城市配电网自动化覆盖率将达到 80%。

(六) 物联网在民生服务领域大显身手

通过充分应用 RFID、传感器等技术,物联网可以应用在社会生活的各个方面。例如在食品安全方面,我国大力开展食品安全溯源体系建设,采用二维码和 RFID 标识技术,建成了重点食品质量安全追溯系统国家平台和 5 个省级平台,覆盖了 35 个试点城市、789 家乳品企业和 1 300 家白酒企业。目前药品、肉菜、酒类和乳制品的安全溯源正在加快推广,并向深度应用拓展。在医疗卫生方面,集成了具有金融支付功能的一卡通系统推广到全国 300 多家三甲医院,使大医院接诊效率提高 30% 以上,加速了社会保障卡、居民健康卡等"医疗一卡通"的试点和推广进程。在智能家居方面,结合移动互联网技术,以家庭网关为核心,集安防、智能电源控制、家庭娱乐、亲情关怀、远程信息服务等于一体的物联网应用,大大提升了家庭的舒适程度和安全节能水平。

(七) 智慧城市成为物联网发展的重要载体

智慧城市的建设为物联网等新一代信息技术产业提供了重要的发展契机和应用的载体,物联网则为实现安全高效、和谐有序、绿色低碳、舒适便捷的智慧城市目标发挥了重要作用。遍布城市各处的物联网感知终端构成城市的神经末梢,对城市运行状态进行实时监测,从地下管网监测到路灯、井盖等市政设施的管理,从水质、空气污染监测到建筑节能,从工业生产环境监控到制造业服务化转型,智慧城市建设的重点领域和工程,为物联网集成应用提供了平台。

我国目前有超过300个城市启动了智慧城市的规划和建设,资金、人力、社会各类资源向智慧城市领域有效聚集。中央及地方政府加强了智慧城市建设的政策措施制定。以"智慧北京"为例,确立了10个物联网应用工程,智能人群动态感知工程可以在公交、地铁、商场等人群密集地区实时感知人的信息,绿色北京宜居生态工程通过传感技术实现对土地资源的实时监控,并对污染物和垃圾处理进行全过程跟踪监控,此外,在社会管理、药品食品追溯、市民卡、社区管理等领域也规划了相关应用。

三、我国积极推进物联网自主技术标准和共性基础能力研究

在物联网领域,我国技术研发攻关和创新能力不断提升,在传感器、RFID、M2M、标识解析、工业控制等特定技术领域已经拥有一定具有自主知识产权的成果,部分自主技术已经实现一定产业应用;在物联网通用架构、数据与语义、标识和安全等基础技术方面正加紧研发布局。

(一) 国内研究机构积极布局物联网架构技术研究

自主的物联网架构技术对物联网可持续发展具有至关重要的作用,我国产学研各界积极开展研究,在物联网总体架构、M2M架构、标识解析体系方面取得了大量初步研究成果。中国电子科技集团、工业和信息化部电信研究院、国内部分大学和研究机构均在物联网总体架构方面开展了深入研究。电信运营商在M2M架构方面以自主设计为主,以水平化平台为核心,对关键能力部件、接口协议、运营支撑系统进行了研究。标识解析体系则以兼容多种标识编码方案和解析机制的统一物联网标识解析体系为特色。

虽然不同研究机构给出的物联网总体架构各有特色,但物联网架构设计需借鉴互联网的开放理念已经成为共识。以物联网规模化发展和各信息终端与系统扁平化互联为愿景,工信部电信研究院提出了物联网目标网络视图,并提出了物联网体系架构应满足的六个基本特性:

可扩展性:支撑海量终端的接入及相关信息的传送、处理和使用。

泛接入性:支持各种类型终端、行业子系统的接入和互联需求。

服务保证性:满足各种物联网应用对服务资源、服务质量、移动性支持等

方面的需求。

松耦合特性：物联网架构中各组成实体、应用等可相对独立发展，应用和实体之间的通信可以跨各种软硬件平台运行。

自主性：系统或末梢节点能够根据预设的规则和逻辑，执行自动发现、自动连接、自动处理等任务。

泛在共享协同：各种信息可充分共享，各种服务可充分协作，同时满足跨系统、跨行业融合及协同需求。

物联网信息交互机制、通信协议和数据描述正在趋向 IP 化、Web 化、语义化，物联网将与互联网同质连接，网络空间相互融合发展。在域名解析系统基础上，随着物体标识应用的推广和深化，物体标识解析系统（TIS, Thing Identifier System）将成为重要的支撑系统。为支撑信息开放共享和服务系统，面向业务、资源、商业智能和管理的共性支撑平台将发挥重要作用。整个物联网将发展成为重要网络基础设施和开放互联体系，支持各种物联网信息系统的互联和协同。为有效支持具有不同服务质量、可靠性、实时性等业务交互特征的物联网应用，在 IP 承载网上需要叠加必要的管控能力。

（二）我国传感器和 RFID 技术研发不断取得新的突破

传感器技术是物联网最为核心和关键的感知技术，我国企业不断加强在高端传感器和以 MEMS 为代表的新型传感器方面的研发，并取得一定突破。同时，在传感器基础技术和基础理论方面也加强了技术研发攻坚。RFID 技术是目前被广泛应用的物联网技术之一，在该领域，我国中高频 RFID 技术接近国际先进水平，在超高频（800/900MHz）和微波（2.45GHz）RFID 空中接口物理层与 MAC 层均有重要技术突破。例如提出了高效的防碰撞机制，可快速清点标签，稳定性高；提供多种强度的安全鉴别机制、灵活的存储区划分及访问控制方法，与国际技术标准相比，在功能、性能、安全性、灵活性方面具有明显的优势。

（三）无线传感网和 M2M 研究基本与发达国家保持同步

无线传感器组网技术方面，我国自主创新取得重大突破，我国提出的面向工业过程自动化的工业无线网络技术标准 WIA-PA 被国际电工委员会（IEC）吸纳为国际标准，我国企业研制了基于 IPv6 的传感网网关并进入规模应用。在短距离通信技术方面，我国企业和研究机构积极参与国际标准化工作，研发实力不断增强。在 M2M 无线移动通信增强技术方面，我国与国外发达国家保持了同步，从 3GPP R10 到 R1 阶段，围绕 M2M 网络架构、过载保护、小数据传输、终端唤醒、终端功耗等技术增强,中国公司积极提出标准提案。在 M2M 需求、架构、安全、语义和管理等方面,我国设备制造企业和电信运营商深入参与了 oneM2M 的标准化工作。为了满足 M2M 服务需求并提升 M2M 服务价值,我国电信运营商积极研制面向 M2M 的移动通信网增强和优化方案,在 M2M 综合运营平台、通道状态与故障信息采集、信息传送保障、接口协议等方面取得了积极研究成果。

(四)标识领域以自主可控创新为主多种方案并存

由于物联网中涉及的标识类型繁多,原有信息通信网络中的标识解析体系都在向物联网领域延伸。我国多家机构研究探索面向物联网的标识编码和解析机制,现阶段仍然是多种方案并存的局面。从目前提出的各种编码方案和解析体系来看,我国物联网标识编码以自主设计并能够兼容多种编码方案为主,标识解析体系则基于国际主流标准进行扩展。典型方案有工业和信息化部电信研究院提出的通信标识(CID)方案、中国物品编码中心提出的实体编码(Ecode)方案、工业和信息化部电子科技情报研究所提出的基于句柄(Handle)的方案、中国电子技术标准化研究院推进的基于客体标识符(OID)的方案,以及中国科学院计算机网络信息中心提出的基于域名系统(DNS)的标识注册解析服务体系。在一定时期内,几种方案将并行发展,因为不同方案之间的互通需要考虑翻译和映射。

(五)我国物联网标准化局部取得突破

我国在物联网国际标准化中的影响力不断提升。国内越来越多的企业开始积极参与国际标准的制定工作,我国已经成为 ITU 和 ISO 相应物联网工作组的主导国之一,并牵头制定了首个国际物联网总体标准——《物联网概览》。在 oneM2M 组织中,我国目前担任 1 个指导委员会副主席、1 个工作组主席和 2 个工作组副主席职责。我国相关企业和单位一直深入参与 3GPPMTC 相关标准的制定工作。国内标准研制方面,我国对传感器网络、传感器网络与通信网融合、二维码和 RFID、M2M、物联网体系架构等共性标准的研制不断深化。物联网应用标准推进速度不断加快,在智慧城市、农业信息化、医疗健康监测系统、智能交通、汽车信息化、绿色社区、智能家居、智能安防、电动自行车等领域正进行标准化工作。

四、物联网产业体系相对完善,局部领域获得突破

我国已经形成涵盖感知制造、网络制造、软件与信息处理、网络与应用服务等门类的相对齐全的物联网产业体系,产业规模不断扩大,已经形成环渤海、长三角、珠三角、中西部地区四大区域集聚发展的空间布局,呈现出高端要素集聚发展的态势。

(一)产业保持较快增长,部分领域取得局部突破

从产业规模来看,我国物联网近几年保持较高的增长速度,2013年我国整体产业规模达到5 000亿元,同比增长36.9%,其中传感器产业突破1 200亿元,RFID产业突破300亿元。到2015年,我国物联网产业整体规模超过7 000亿元,信息处理和应用服务逐步成为发展重点。

物联网制造业中,我国感知制造获得局部突破,与国外差距在逐步缩小。我国光纤传感器在高温传感器和光纤光栅传感器方面获得了重大突破,在石油、钢铁、运输、国防等行业实现了批量应用,产品质量达到国际先进水平。在RFID领域,我国中高频RFID技术产品在安全防护、可靠性、数据处理能力等方面接近国际先进水平,产业链业已成熟,在国内市场占据90%的份额。我国已成功研发出自主的超高频产品并打进了国际市场。在工业物联网领域研制成功了面向工业过程自动化的工业无线通信芯片。

物联网服务业中,我国三大运营商的M2M服务一直是产业亮点。中国移动和中国电信分别把物联网业务基地升级成为物联网分公司进行市场化经营。中国联通各类近场支付卡发卡量已经超过200万张,基于WCDMA网络的企业专网提供智能公交行车监控及调度系统,用户规模超过100万,覆盖城市已超过200个。

(二)产业体系相对完善,但不同产业环节所处阶段不同

我国已建立了基本齐全的物联网产业体系,包括以感知端设备和网络设备为代表的物联网制造业,以网络服务、软件与集成服务、应用服务为代表的物联网服务业。整体看来,我国在M2M服务、中高频RFID、二维码等产业环节具有一定优势,而基础芯片设计、高端传感器制造、智能信息处理等产业环节依然薄弱,从全球来看,物联网大数据处理和公共平台服务处于起步阶段,物联网相关的终端制造和应用服务仍在成长培育期。

(三)我国物联网产业已形成四大发展集聚区的空间格局

我国已初步形成分别以北京、上海、深圳、重庆为核心的环渤海、长三角、珠三角、中西部地区四大物联网产业集聚区的空间格局,其中环渤海区域以北京为核心,主要借助产学研资源和总部优势,成为我国物联网产业研发、设

计、运营和公共服务平台的龙头区域；长三角区域以上海、无锡双核发展为带动，是我国物联网最早起步的区域，产业规模在国内也是最大的，整体发展比较均衡，尤其无锡市作为"国家传感网创新示范区"，集聚了大批物联网龙头企业，在技术研发与产业化以及应用推广方面发挥了引领示范作用；珠三角区域以深圳为核心，延续其在传统电子信息领域的研发制造优势，成长为物联网产品制造、软件研发和系统集成的重要基地；中西部地区以重庆和武汉为代表，在软件、信息服务、传感器等领域发展迅猛，成为第四大产业基地。

（四）传统设备厂商借助物联网技术探索全新的产品服务模式

与国际上传统产业与信息产业跨界融合的趋势相辉映，我国也出现了设备制造业与物联网、互联网融合，创新产品和服务模式的现象。家电行业借力物联网技术，已经率先开展拓展价值空间并改善产品服务的模式探索。这种创新模式，不仅涉足智能家居领域和家居设备，还将催生融合物联网元素的多种智能产品，如可穿戴设备、智能汽车设备、医疗健康设备、智能玩具等。传统产业通过与物联网技术深度融合，同时利用互联网的平台服务以及移动互联网的商业模式，形成开放产业生态创新产品和服务的模式，并将成为物联网产业发展的重要方向。

第二节 我国物联网产业发展的 SWOT 分析

一、我国物联网产业发展优势（Strength）分析

（一）物联网产业发展得到政府政策的积极支持

我国《国家中长期科学与技术发展规划（2006—2020年）》和"新一代宽带移动无线通信网"重大专项均将物联网（传感网）列入重点研究领域。2009年8月7日，我国首次提出建设"感知中国"计划；并于2010年10月出台了《国务院关于加快培育和发展战略性新兴产业的决定》，确立物联网产业成为国家首批加快培育的七个战略性新兴产业之一。2011年4月8日，财政部出台的《物联网发展专项资金管理暂行办法》对专项资金的支持范围与方式等做出明确规定，并启动了2011年物联网发展专项资金申报工作。

（二）物联网技术得到产业主体的广泛而系统的运用

企业是物联网产业发展的主体力量和核心，且已有相当一部分企业投资

于物联网产业。国内部分工程集团系统地采用了物联网来实现对其设备的精细化管理,其通过可视化监控平台即由地域信息系统(GIS)、治理信息系统(MIS)、故障诊断系统和维护调养处事系统组成的监控平台以实现对集团内集体设备的实时定位、跟踪和历史轨迹回放,工程机械信息治理和运行状况信息查询,故障诊断与预警和故障日志查询,维护调养提醒和维护调养日志查询。除此之外,物联网还在智能交通系统、智能家居、智能电网、森林防火监控、智能医疗系统等领域得到广泛运用。

(三)物联网市场发展潜力巨大

我国物联网产业与移动互联网产业相比更具市场潜力,发展空间巨大。我国移动互联网与物联网是最具发展潜力的两大信息通信产业:移动互联网主要面向个人消费者市场,侧重于提供大众消费性、全球性的服务;而物联网主要侧重于行业性、区域性的服务。当前,移动互联网正进入高速普及期,成功的产品和服务模式不断向其他产业领域延伸渗透。而处于起步阶段的物联网,在具有互联网基础的前提下,更注重交互体验、移动智能终端集成传感器和新型人机交互等技术支撑的融合应用。目前嵌入移动智能终端的MEMS传感器已有几十种,如感知光线反射、压力、触觉、心跳、血压、手势、环境参数、温度、湿度、指纹、运动、情绪、高度的传感器等,可以为用户提供个人健康管理、运动统计等新型感知应用。同时,终端与感知技术、应用服务深度融合不断催生新型终端形态,谷歌眼镜、iWatch智能手表、耐克智能手环等可穿戴设备通过集成增强现实、语音识别、骨传导等新技术带来全新用户体验和应用服务。此外,以移动智能终端为控制中枢的多屏互动、智能家居等应用也开始起步。

物联网借鉴移动互联网的技术、模式和渠道,开始从行业领域向民生领域渗透,基于移动智能终端的融合应用正在不断涌现。例如,智慧城市信息化系统开发城市管理数据,通过移动智能终端向用户提供公共缴费、气象预警、交通引导等便民服务。目前,应用程序商店中已出现众多智慧城市、智能医疗、环境监测、智能交通等物联网应用。智能家居和移动互联网的逐步融合,将推动智能家居行业形成"硬件+软件+数据服务"的平台化运营模式。从垂直到水平、从封闭到开放、从私有到标准化,借鉴移动互联网的成功经验,物联网应用将实现规模化发展。

物移融合将形成更为突出的马太效应。物联网与移动互联网两大产业通过相互的技术借鉴、模式学习和资源利用,将在终端、网络、平台等各个层面进行多种形式的融合,形成马太效应,对整个社会生产、生活产生巨大影响。一是多形态的终端并存,包括手机、便携设备、PC、服务器、智能电视、游戏机、智能家电等,终端具备全面感知能力,各类可穿戴终端(智能眼镜、智能手表、智能手环等)全面拓展应用场景;二是网络支撑平台将趋于一致,跨行业跨终端的统一支撑平台将推动数据开放,促成应用聚合创新。

根据美国咨询机构 FORRESTER 预测,到 2020 年世界上物物互联业务跟人与人通信业务相比将达到 30∶1,这意味着物联网产业将是互联网产业的 30 倍。因此,物联网也被称为"下一个万亿级的通信业务"。全球物联网产业市场规模快速增长,据相关分析报告显示:2007 年全球物联网产业市场规模达到 700 亿美元,2008 年达到 780 亿美元,2012 年超过 1 400 亿美元,年增长近 20%。赛迪顾问研究显示:2010 年国内物联网产业市场规模达到 2 000 亿元,2015 年市场规模达 7 500 亿元,年复合增长率超过 30%,市场前景远远超过计算机、互联网、移动通信等市场。

(四)物联网发展具备较大的技术优势

我国物联网研究、开发、利用并产业化起步较早,具备了一定的技术优势。我国在无线智能传感器网络通信技术、微型传感器、移动基站等方面都已取得重大进展,且对于物联网相关技术标准制定也有一定话语权。在世界物联网领域,我国与德、美、韩三国一起成为国际物联网标准制定的四大发起国。2008 年 6 月,中国代表于首届在中国召开的 ISO/IEC 传感网国际标准化大会上提出的传感网体系架构、标准体系、演进路线、协同架构等代表传感网发展方向的顶层设计被 ISO/IEC 国际标准认可,并纳入 ISO/IEC 总体技术文档。

二、我国物联网产业发展劣势(Weakness)分析

(一)体制性障碍滞缓了"三网合一"进程

我国物联网发展最大的体制障碍就是各部门各地区行政系统分割管理。由于物联网涉及多方利益,各个通信领域、相关设备制造商和应用层面的企业之间相互封闭,固守自己的市场。尽管政府多次强调并出台相应规划和政策来鼓励并促进电信网、广电网和互联网三网实现融合,但至今仍未能很好实现。三网的相互封闭致使物联网的信息传输受到极大影响,不利于物联网信息传输效率和传输效果的提高,也影响物联网应用效率,即将实时信息指令反馈给设备或者客户以实现精细化生产和管理。三网的相互封闭也会增

加物联网应用成本尤其是信息传输成本,对物联网产业发展造成极大的不利影响。

(二)关键技术和自主知识产权相对薄弱

相关物的属性和实时信息传输与回馈由物联网感知层、网络传输层和应用层三个发展与应用主体阶段完成,其中任何与之相关的主体技术都会影响物联网的应用与推广。目前我国物联网在 RFID 和传感器等关键技术领域缺乏自己的独立自主知识产权。诸如在 RFID 技术领域,尽管我国在低频 RFID(1KHz 或 134.2KHz)、高频 RFID(13.56MHz)方面比较成熟,但 90% 以上超高频(868~956MHz)RFID 芯片仍然依靠进口。这种关键技术自主知识产权的缺乏也使得 RFID 技术产品"量和质"得不到保障,且会出现价格过高、产品档次偏低问题,不利于物联网长远发展与应用。

(三)我国物联网发展的产业链和商业模式还不够成熟

互联网不仅带来了一场技术革命,更诞生了诸如亚马逊和阿里巴巴、Google、Facebook、电子支付(支付宝)等涉及互联网各领域的企业。物联网作为继互联网技术之后的又一重大技术创新,也必然会形成物联网自身的产业链。虽然物联网由感知、网络与应用三个层面组成,每个层面都蕴含着巨大的市场潜力,但是我国物联网产业链发展层次低、链条短——我国物联网产业过多地集中在电子元器件如射频识别、感应器等设备生产上而未能挖掘和利用超大量的信息传输通信领域和物联网应用领域的市场。

我国物联网发展的商业模式较为单一,主要依靠政府购买的方式实现自身产品及服务的生产和销售。这种单一的商业模式其短期内风险较低,但是长远来看不利于我国物联网产业创新与可持续发展,也不能充分挖掘巨大的物联网市场潜力。

三、我国物联网产业发展机会(Opportunity)分析

在全球范围内,物联网正成为经济社会绿色、智能、可持续发展的关键基础和重要引擎。随着物联网技术和产品的不断成熟,物联网的发展潜力和成长性正逐步凸显,应用将加速渗透到生产和生活的各个环节,市场规模不断扩大;产业潜力将加快释放,市场化的资源配置机制正逐步确立;物联网与传统产业的深度融合将进一步加剧,并带来生产方式和生活方式的深刻变革。

(一)M2M、车联网市场最具内生动力,商业化发展更加成熟

市场需求、成本、标准化、技术成熟度、商业模式是影响物联网应用规模

化推广的主要因素,M2M和车联网市场内生动力强大,相关技术标准日趋成熟,全面推广的各方面条件基本具备,将成为物联网应用的率先突破方向。

M2M继续保持高速增长。面向行业领域和消费领域的资产管理、工业设备管理、电力、交通、金融、公共服务、安全监控等大规模需求为M2M创造了广阔的市场空间。预计未来十年内,全球移动运营商每年至少40%以上的新增连接来自M2M,2020年通过蜂窝移动通信网连接的M2M终端将达到21亿个,年复合增长率达到35%。我国M2M市场将在规模居全球第一的基础上继续保持快速增长。标准化正成为重要的市场推手。统一的终端协议和统一的平台标准能够确保服务提供商实现业务发放、业务管理和海量终端管理,真正为服务提供商带来价值,并能实现全球化服务,统一标准的确立对M2M大规模发展起到关键推动作用。

车联网应用提速。全球汽车保有量以年均20%的速度持续快速增长,巨大的汽车市场以及人们对舒适、智能、安全、低碳的驾驶体验诉求为车联网服务的增长提供了强劲的动力。GSMA与SBD联合发布的车联网报告中指出,到2018年全球车联网市场总额达390亿欧元,是2012年市场总额的3倍,互联网连接将成为未来汽车的标配,到2025年100%的汽车将具备移动互联网接入功能。这将是汽车行业发展100多年来经历的规模最大、动力最强的变革,未来车联网发展将以智能和互动为原则,集成无线通信、智能导航、泊车辅助、智能安全、免提语音识别、节能、娱乐影音等功能,没有配备车联网系统的汽车将失去市场竞争力。美国国家高速公路交通安全管理局(NHTSA)已向美国立法部门提议,美国所有汽车厂商必须为自家所生产的汽车安装电子记录设备(ERD),以方便NHTSA对收集到的数据进行汇总分析,并最终达到减少车祸的目的。美、德汽车厂商已在汽车内加装LTE通信模块,结合卫星导航等提供统一服务,基于LTE的M2M通信模块将逐步发展为汽车标配。

(二)物联网正促进工业转型,融合创新带来了产业革命

物联网与工业的融合将带来全新的增长机遇。以物联网融合创新为特征的新型网络化智能生产方式正塑造未来制造业的核心竞争力,推动形成新的产业组织方式、新的企业与用户关系、新的服务模式和新业态,推动汽车、飞机、工程装备、家电等传统工业领域向网络化、智能化、柔性化、服务化转型,孕育和推动全球新产业革命的发展。美国制造业巨头通用电气公司充分利用物联网技术已推出了二十余种工业互联网/物联网应用产品,涵盖了石油天然气平台监测管理、铁路机车效率分析、提升风电机组电力输出、电力公

司配电系统优化、医疗云影像等各个领域。AT&T 基于 GE 的软件平台 Predix 开发 M2M 解决方案,越来越多的工业机器将通过 M2M 连接到网络。

工业物联网统一标准成为大势所趋。工业物联网涉及不同技术和设备供应商的网络连接与集成,只有消除标准的壁垒,才能形成统一的服务和商业模式,确保制造业企业的核心竞争力。德国《工业 4.0 计划实施建议》中明确将制定开放标准的参考体系作为第一个优先行动领域,由联邦 ICT 技术和新媒体协会(BITKOM)、机床设备制造联合会(VDMA)、电子电气制造商协会(ZVEI)三个协会牵头,博世、英飞凌、ABB、西门子、惠普、SAP、IBM、Thyssen-Krupp、德国电信等 14 家企业以及 17 家大学和研究机构参与,组建了专项工作组开展相关工作。

物联网推动两化融合走向深入。近年来,我国政府通过工业化与信息化融合战略正在大力推进物联网技术向传统行业深度渗透。工信部于 2013 年 9 月发布的《工业化与信息化深度融合专项行动计划(2013—2018 年)》中重点提出的互联网与工业融合创新试点工作已经进入全面实施阶段。随着物联网基础设施的逐步健全及政、产、学、研互动合作的全面展开,物联网通过数据的感知与共享将向多个领域深度渗透,将进一步消除行业与地域间的界限,并促进融合创新研发团队与制造企业间的技术交流,成为形成新产品、新工艺、新市场的催化剂。在生产过程、供应链管理、节能减排等环节深度应用物联网将成为制造业企业的标配。同时,工业云平台、工业大数据等配套服务模式将逐步完善,进一步整合物联网服务资源,从而带动我国传统产业的全面转型升级。

(三) 物联网行业应用稳步推进,显现出巨大发展空间

行业应用仍然是物联网发展的重要领域。在工业、农业、电力、交通、物流、安防、环保等行业领域,物联网应用的空间广阔。在我国各行业"十二五"发展规划中,均已将应用物联网等信息通信技术提升行业信息化水平纳入其中。智能电网领域,物联网将应用在智能运行、智能控制和智能调度等环节,推动电网的效率提升。农业领域应用物联网实现资源环境信息实时感知获取、农业生产过程管理的精细化以及农产品流通过程中的质量安全追溯,可以应对资源紧缺与生态环境恶化的双重约束,以及农产品质量安全等问题的严峻挑战。交通领域的交通信息资源动态采集和共享应用,物流领域的分散物流资源的高度集约化管理和智能化配置,医疗卫生领域的社区医疗资源共享、医疗用品管理、远程医疗服务等各个方面,节能环保领域的生态环境监

测、污染源监控、危险废弃物管理等方面,公共安全领域的药品和食品安全监控、城市和社区安全、重要设施安全保障等方面,网络化和智能化还处于起步阶段,对物联网技术的需求均比较迫切。

物联网深度应用将催生行业变革。近年来物联网技术不断用于国计民生的重大领域,如食品溯源、粮食储运、油气野外运输、煤矿安全等。物联网多种技术手段,如传感、定位、标识、跟踪、导航等,可以实现动态、实时、无缝、全天候的监控,为行业实现精细化管理提供了有力支撑,不仅可大大提升管理能力和水平,而且能够改进行业运行模式,从技术角度引发行业管理领域的革命,促使行业领域向着公平、开放、廉洁、高效、节约的方向发展。

(四)物联网带来真正的大数据时代,应用价值不断提升

物联网产生的海量数据蕴含巨大价值空间。互联网的大数据来自虚拟世界,如社交网络、微博、微信、电商等业务,是以人为主的信息。物联网的大数据来源于物质世界,由大量感知终端产生,比如传感器、M2M终端、智能电表、汽车和工业机器等,主要是物的信息。随着物联网设备的普及和技术的进步,物联网数据量将快速增加,最终将发展到互联网数据量的十倍、百倍以上。将物联网产生的庞大数据进行智能化的处理、分析,可生成商业模式各异的多种应用,这些应用正是物联网最核心的商业价值所在,物联网产业链的重心将向下游的智能处理聚集。以智慧城市管理为例,大量感知终端采集来的海量信息,有交通路况、建筑能耗、物流配送、空气质量、景区流量等,如果能在城市综合运营管理中心进行充分分析、深入挖掘,就能及时发现问题,进行预警疏导和调整优化,从而提高城市管理效率,减少城市事故灾害,保障公众安全,提升居民幸福指数。

物联网对大数据处理提出了新的挑战。物联网大数据的采集以及分析,面临着统一管理平台、技术支持和安全保护三大挑战。统一管理平台的建设因为物联网架构的复杂性以及应用跨领域的特性实现起来难度较大。物联网数据具有实时、动态、海量、颗粒性和碎片化的特点,物联网中间件如何设计才能对采集到的海量信息进行大规模甄别和筛选,数据存储、数据挖掘、数据处理、决策分析技术上必须有异于互联网数据处理的质的突破。此外物联网数据通常带有时间、位置、环境和行为等信息,如何以制度保障和技术手段有效地化解安全隐私保护与数据价值商用之间的矛盾,是亟待研究和解决的问题。

大数据分析带来的效益提升将促进物联网应用的规模化发展。通过对

物联网的大数据进行分析,可以充分挖掘出物联网大数据的深层价值,为科学决策提供支撑,产生新的价值空间。物联网大数据的潜在价值,已引起全球领先的 IT 企业的重视,IBM、微软、SAP、谷歌等 IT 企业不仅在全球部署了多个数据中心,还纷纷花费巨资收购了专攻数据管理和分析方面的软件企业,致力于攻克物联网大数据分析难题。通过大数据分析的价值提升,将进一步推动数据的规模化采集,也就是物联网应用的规模化发展。

(五)物联网助推智慧城市建设,带来相关产业的持续发展

智慧城市为物联网应用提供了巨大的市场需求。智慧城市已成为城市高水平发展的战略选择和必经之路,物联网技术和应用是智慧城市"智慧"能力的重要组成部分,在信息数据采集、城市精细化管理、生态环境保护、低碳节能运行、产业效率提升、公共服务均等化和普惠化方面作用显著。物联网在智能电网、楼宇能耗监控、水质监测、交通电子车牌、远程医疗与健康监护等领域的应用,也为智慧城市绿色、高效和均等的主题提供了有力支撑。智慧城市建设广阔的市场空间,将成为物联网发展的强大驱动力。

借助智慧城市的良好机制体制,推进物联网在智慧城市的集成应用。智慧城市对多个行业领域的整合,为物联网发展提供了优质的土壤和优厚的环境。借力智慧城市建设东风,紧密结合各地智慧城市的建设步伐和任务,加快推进物联网在智慧城市中的集成应用,解决城市治理、民生服务以及产业发展的关键问题,在应用推广中进一步聚焦和深化需求,完善产品与解决方案,培育物联网相关产业使其持续发展。

四、我国物联网产业发展面临的挑战(Threat)分析

(一)物联网产业发展与应用的法制建设滞后

物联网不仅牵涉各个行业,需要多种力量的整合,更涉及关键技术知识产权和个人隐私保护、国家安全等诸多问题。我国物联网相关法律法规处于物联网产业原则性和政策性规范与调整层面,缺乏完善的规范物联网行业生产经营管理、行业垄断与合作经营的法律法规。另外,针对物联网相关关键技术知识产权、用户个人隐私的保护等物联网发展过程中必然遇到的问题也缺乏专门具体的法律保障。物联网在政府层面的广泛应用与推广也会牵涉国家机密等国家安全问题,这也需要相应的法律来对此做出相应具体的规定。

（二）物联网用户隐私保护面临巨大挑战

在个人隐私保护意识不断加强的背景下，如何更好地保护用户隐私成为物联网产业发展与应用必然面对的巨大挑战。继 Google 全球地图推广应用被多国政府和用户诟病其对用户隐私侵犯之后，2011 年 6 月美国艾瑞（iResearch）咨询引述市场调研公司 Harris Interactive 最新发布的数据称：2011 年美国 76% 的受访用户认为 Google 与 Facebook 等互联网公司控制了太多用户的个人隐私信息和浏览习惯，而 14% 的人并不认为在线公司控制了太多用户信息。可见，在保障物联网推广与应用的前提下，如何才能更好地保护用户隐私是物联网产业发展必须面对的一大挑战。

（三）物联网发展投入成本巨大

物联网由感知层、网络层和应用层组成，每个层面都需要技术和资金投入，这会使得物联网应用成本过高而不利于物联网普及与应用。以沃尔玛为例，沃尔玛为加强其全球各分店产品实时配送和销售信息统计，于 2004 年要求美国境内各大供货商将各自商品加贴 RFID 标签，但直到 2007 年才完成这一计划。之所以这么晚才完成这一计划，主因是单个 RFID 标签价格不符合供货商的成本利益考量。波士顿 ARM 市场研究中心估计仅为了满足沃尔玛要求，普通消费品生产商就得花费 130 万～230 万美元来加贴 RFID 标签，RFID 标签的单位成本约为 20 美分。可见，物联网要对所有物的实时信息进行更好的收集和传输，必然得在每个物上加贴诸如 RFID 标签、增加 GPS 等高端设备及构建相应通信网络、管理信息系统等，而巨额投资与应用成本是物联网亟须解决的难题。

第三节　推进我国物联网产业发展的重点举措

一、加强对物联网核心技术研发和产业化工作

一是在物联网核心技术，如 RFID 天线设计与制造、RFID 标签封装技术与装备、标签集成、读写器关键零件、RFID 测试技术和装备等方面，加大资金投入和技术研发；二是积极探索新的研发组织模式，将研发与产业化结合起来，建立物联网技术研发基地，聚集物联网研发人才和项目，开展物联网核心关键技术和相关产业关键技术的研发与产业化工作。

二、加快物联网标准体系的建设

加快物联网标准的顶层设计,确定物联网标准体系和标准制定的优先级,统筹谋划国际、国家和行业标准体系建设。坚持国际标准和国内标准同步推进的原则。一是优先制定涉及国家权益和安全的物品编码标识及解析体系等关键资源标准、物联网架构标准和大规模应用急需的网关、M2M 模组与平台等标准;优先制定具有大规模应用前景、需要信息共享和互联互通领域的应用标准。二是积极参与和主导国际标准的制定,进一步确立并扩大我国在国际物联网标准制定中的话语权。三是以国际标准为基础,制定和形成我国自己的物联网标准体系。

三、推进物联网技术的示范工程和规模化应用

加快 IPV6 下一代互联网的应用步伐。积极发展 IPV6 下一代互联网是解决目前互联网地址资源不足的有效途径。要尽快建立 IPV4 向 IPV6 过渡的有效组织机制、制度与措施,明确时间表,同时出台相关激励政策,利用财税杠杆和专项基金等经济手段,鼓励互联网应用提供商进行 IPV6 改造,加快 IPV6 下一代互联网的应用步伐。结合物联网技术的研发和标准的制定,以物联网运营企业(如中国移动、中国电信、中国联通等)为实施主体,发挥政府在推进物联网应用中的能动作用,以政府订购和首购的方式,在工业、农业、公共服务等各个领域开展形式多样的应用示范工程建设,包括环境监测、智能交通、智能电网、智能家居等,探索物联网价值链合作模式和产业规模化发展模式。

四、加快产业融合发展与培育新兴业态

一是推动物联网产业、软件和信息服务业与工业的深度融合,加大信息技术在企业技术改造中的深度应用,实现工业转型提升;促进物联网产业、软件和信息服务业与金融、文化创意、咨询服务、科研设计、现代物流等现代服务业的结合,推动现代服务业的模式创新和业务创新,激发新业态、新业务的产生和发展;积极推动物联网产业、软件和信息服务业与文化娱乐、商贸、旅游、餐饮等传统服务业的融合和交互,加强信息技术在产品供销、服务创新方面的应用,提升传统服务业发展水平。

二是建设物联网产业园。各个地方可以现有物联网相关产业区为基础,

构建物联网产业园区。具体来说可以立足本地具有优势的信息产业,大力培育相关领域的优势企业与平台,加强重点环节的企业引进工作,积极培育一批具备较强技术与市场拓展能力的中小企业,推动形成产业集群发展;积极引进国家物联网技术研发及工程技术平台,搭建物联网产业共性技术研发平台及应用示范平台,与国内外知名高校、科研院所开展物联网项目的对接和交流,实施一批政、产、学、研合作项目,加快科技成果转化和产业化;加快服务体系建设,提升产业服务水平,持续优化产业环境。

三是结合物联网产业园,积极支持智能芯片、智能终端、智能电网等新兴高端制造业发展,面向移动应用和智慧应用,加快推进新一代移动通信和下一代互联网技术的发展,带动5G产业、云计算产业、新一代移动通信产业和下一代互联网技术产业发展,培育新的产业增长点;面向产业融合和特色优势产业发展,积极发展高端咨询、运维和设计规划服务,交互数字多媒体内容服务及电子商务、电子交易等新兴服务。

五、发挥市场主导作用,形成物联网自循环的内生发展动力

充分激发市场活力,依托科技创新体制改革,建立以企业为主体、市场为导向,产、学、研、用相结合的创新体系,增强物联网发展的内生动力。优化国家资金配置,发挥企业作为创新主体和市场主体的作用,鼓励企业加大技术研发力度,加强产业链上下游的多方协作,推动商业模式和服务模式等方面的创新,形成互利共赢的局面。

在行业应用领域,进一步挖掘市场需求,探索商业模式。推动物联网在各个行业的渗透,深化在工业、农业和服务业的应用,充分发挥物联网在推动传统行业转型升级中的重要作用,带动形成物联网产业的规模发展。

在个人应用领域,推动形成物联网自循环发展。以面向公众的应用为突破口,通过规模发展带来突破性效应。对于感知节点采集上来的大量物的信息,借助于与移动互联网的融合,通过应用创新为个人提供特色服务,以此突破规模化瓶颈,推动物联网自身的持续性发展。

六、坚持应用先行,实现物联网的层次化、有序化推进

充分按照"需求牵引,应用先导,确保安全"的原则,面向重点行业和重点民生领域,选择工业、农业、节能环保、商贸流通、交通能源、公共安全、社会事业、城市管理、安全生产、国防建设等重点领域,深化物联网应用。

结合技术和产业化的水平,坚持层次化推进。优先在技术产业相对成熟、发展潜力大的领域开展应用推广工作,以规模化的物联网应用市场带动技术、标准、产业、政策等的进一步完善。在技术和产业化尚未成熟的领域,在确保自主创新技术突破和产品满足应用需求的前提下,循序渐进发展。在技术相对稳定而产业化能力不足的领域,应首先提升生产能力,扩大产品产量,改善产品的工艺、质量,以适应应用规模化推广的高标准和低成本要求。

七、强化创新驱动,优化物联网发展的配套环境

坚持创新驱动,提高创新层次。开展核心技术和关键产品的基础性研发,推动自主创新技术产品的研制,在物联网重大基础设施、重要业务系统加强安全自主可控软硬件的应用。加强融合创新,创新服务模式和商业模式,培育新型业态。

坚持物联网发展的自主可控,加强防护管理,建立健全监督、检查和安全评估机制,有效保障物联网信息采集、传输、处理、应用等各环节的安全可控。

积极探索物联网产业链上下游协作共赢的新型商业模式,推动物联网公共服务平台建设,推动标准体系建设,加强信息系统间的资源共享和业务协同,强化数据处理和综合应用,推动物联网持续健康发展。

第四节 我国物联网产业未来的发展重点与趋势方向

受各国战略引领和市场推动,全球物联网应用呈现加速发展态势,物联网所带动的新型信息化与传统领域走向深度融合,物联网对行业和市场所带来的冲击与影响已经广受关注。总体来看,全球物联网应用仍处于发展初期,物联网在行业领域的应用正逐步广泛深入,在公共市场的应用开始显现,M2M、车联网、智能电网是近几年全球发展较快的重点应用领域。

一、M2M是率先形成完整产业链和内在驱动力的应用

M2M市场非常活跃,发展非常迅猛。2013年年底,全球M2M连接数达到1.95亿,年复合增长率为38%。M2M连接数占据移动连接数的比例从2010年的1.4%提高到2013年的2.8%,2014年年底全球M2M连接数已达到2.5亿。电信运营商仍是M2M的主要推动者,法国电信Orange是欧洲第

一家提供完整 M2M 方案的电信运营商,德国电信在 2012 年 2 月推出了 M2M 全球运营平台,AT&T 通过与云服务和软件提供商 Axeda 公司合作,向企业提供 M2M 应用开发平台(ADPS),帮助企业解决开发中的共性问题。目前,全球已有 428 家移动运营商提供 M2M 服务,在安防、汽车、工业检测、自动化、医疗和智慧能源管理等领域增长非常快。

二、车联网是市场化潜力最大的应用领域之一

车联网可以实现智能交通管理、智能动态信息服务和车辆智能化控制的一体化服务,正在成为汽车工业信息化提速的突破口。以车联网逐步普及为标志,汽车工业已经开始进入"智慧时代"。以美国为例,2013 年生产的低端车型已实现联网,具有自动泊车、自动跟车及主动避撞等功能。全球车载信息服务市场非常活跃,成规模的厂商多达数百家,最具代表性的全球化车载信息服务平台如通用的安吉星(OnStar)、丰田的 G-book。截至 2013 年年底,安吉星已经在全球车联网市场占据主要份额,车载信息服务平台是市场化潜力最大的应用领域。车联网可以实现智能交通管理、智能动态信息服务和车辆智能化控制的一体化服务,正在成为汽车工业信息化提速的突破口。以车联网逐步普及为标志,汽车工业已经开始进入"智慧时代"。

三、综合大数据集成系统是物联网发展的大势所趋

国民经济的数字化在物联网的帮助下使得大数据集成系统成为可能。当下的国民经济中,信息已经成为基本的生产要素之一,而物联网的存在,除了加快信息的获取和传递外,对于信息的客观物理筛选赋予了真实的价值。有价值的信息在大数据集成系统下可以有效地提高物质、能源的使用效率以及扩大劳动、资本的投入产出效益,从而有力地推进国民经济现代化进程。综合大数据集成系统主要包含以下几个方面:(1)利用现代信息采集技术来装备和改造国民经济的各个领域,加快实现全产业的信息化和数字化;(2)利用物联网信息传输和处理的各项技术,增强国民经济系统的有效性,全面提升国民经济的生产效率以及国际竞争力;(3)发展数据分析产业,利用技术手段为国民经济寻找新的增长点和突破口,实现产业的数字化和数据的产业化。

第五章

物联网金融的特征及其发展

通过前文物联网的概念界定以及对物联网产业发展现状的初步分析,我们可以看到物联网技术发展迅速、应用前景广泛。物联网技术不仅可以用于生产、仓储、物流或者供应链管理等活动中,而且由于其技术与功能的特殊性,可以在"万物互联"的基础上充分拓宽"互联网金融"的边界。物联网金融的广泛应用,通过底层数据的大量积累,可以推动区块链金融、智慧物流、供应链金融等科技金融的迅速发展,大大提高金融服务效率。本章将从物联网金融的基本概念和特征入手,简要分析其应用逻辑与前景,并指出物联网金融在未来发展中需要解决的相关问题。

第一节 物联网金融解析

一、物联网金融的概念

对于物联网金融,我们可以给出如下定义:物联网金融是指以互联网为基础、物联网为载体,强调数据信息的传输和处理实时化、网络化,具有更强针对性和普适性的全新智能金融模式。这一定义已经概括了物联网金融的运行环境、重要环节以及优势所在。下面我们将用实例对物联网金融现象做进一步说明。

二、物联网金融常见的生活应用场景

物联网金融现象在我们的日常生活中主要出现在个人支付或结算端,各

种小额、快捷的支付结算手段的发展让我们摆脱了现金零钱支付的麻烦。大约十年前,感应支付手段开始逐渐流行起来。特定人群在特定场所消费只需要使用特定的"卡"或者"钥匙"在感应器上"滴"一下即可完成支付。在消费场所相对固定的情况下,感应支付就显得尤为方便和高效。此类支付以储值为主,事先在协议账户中充值一定数量的金额,之后的每次消费都会通过感应终端完成数据处理,并在后台完成清算,最后从账户中扣除相应款项,以完成支付。此类支付既有依托于广域互联网的形式,也有依托于基于互联网的形式,但均离不开大量实现"物物联通"的物联终端,因此,以下案例均包含于物联网金融体系中。

(一)智慧校园

如今,这种支付手段使用最广泛的当属各个大中小学校。在校园,消费人群主要以学生和教职员工为主,消费场所主要以教育超市和学校食堂为主,在消费人群和消费场所都相对固定的情况下,感应支付就显得尤为方便和高效。

(二)公共交通

近年来,各大城市都逐步建立或完善了自己的公共交通和轨道交通系统,为广大市民提供了快捷便利的公共出行服务。而对于这类服务的支付,除了现场购票,更多的人则选择了购买可以储值的"交通一卡通",实现快速刷卡支付。而在 2018 年 1 月份,上海地铁率先推出支付宝扫码进站功能,进一步拓宽了物联网移动支付端在公共交通领域的运用。

(三)购物卡(消费卡)

与上述可以反复储值使用的两例不同,现行的大量购物卡均为单次购买等值卡,在储值耗尽后将被发行方收回卡片,不可重复充值使用。长久以来一直作为员工福利等形式出现。

(四)ETC(电子不停车收费系统)

ETC(Electronic Toll Collection)是目前世界上最先进的路桥收费方式。通过安装在车辆挡风玻璃上的车载电子标签与在收费站 ETC 车道上的微波天线之间的微波专用短程通信,利用计算机联网技术与银行进行后台结算处理,从而达到车辆通过路桥收费站不需停车就能缴纳路桥费的目的。

从以上几个例子我们可以看出,所谓物联网金融,即如之前定义所言,是在互联网的基础上,通过射频识别等技术,实现物件与物件之间的联通,实时处理业务数据,有针对性地完成某项金融过程的全新金融模式。

除了简单的支付结算,物联网金融带给整个金融领域以及实体经济的变革远不止这些。相对于当下已经比较成熟的 B2C(Business to Customer)和 C2C(Customer to Customer)电子商务模式,大量的 B2B(Business to Business)和 P2P(Peer to Peer)模式中的空白,诸如融资、租赁、借贷等业务,急需物联网金融的充实。具体的案例我们会在稍后的章节中予以介绍。

三、物联网金融与相近概念的辨析

近年来,随着"互联网+"的概念快速兴起,金融领域大量的新名词层出不穷。除了本书重点介绍的"物联网金融"以外,还有许多类似的诸如"科技金融""区块链金融""普惠金融"等概念。如何准确区分各个概念之间的异同,对于我们认识物联网金融大有裨益。

(一)物联网金融与科技金融

要了解"科技金融",首先要区分其和"金融科技"之间的关系。首先,从语言上讲,这两个词汇的中心语不同,前者落在"金融"而后者落在"科技"上,也即两者本身就分属于金融和科技的不同领域。金融科技是一个舶来词,源于 FinTech(Finance + Technology),泛指一切能提高金融效率的科技成果及其产业。而对于科技金融,根据四川大学原副校长赵昌文在《科技金融》一书中的表述,我们可以简单理解为"促进科技进步和相关产业发展的一系列金融工具、服务、制度和政策"。然而,在平时的经济活动及相关报道中,"科技金融"和"金融科技"往往混为一谈,并不做明确区分,读者在对于概念的理解上,只需分清其侧重点不同即可,有关科技金融的具体内容我们将在第四节做详细介绍。

在了解以上概念后我们不难发现,"物联网金融"和"科技金融"在服务对象、运作方式和业务范围上都存在显著差异。就服务对象而言,物联网金融由于其本身基于互联网的属性,使得其服务对象不具有特异性,只要愿意,任何个人、企业甚至政府部门都可以享受物联网金融的服务;而科技金融对于其服务对象而言就有较强的针对性,其金融活动和业务仅仅为了促进科技进步以及扶持相关科技产业的发展。就运作方式而言,物联网金融由于其物联网的特殊性,可以量体裁衣,量身打造客户所需的金融服务模式,如之前所提到的感应支付以及在后面章节中会介绍的"物联网+"案例中的仓储、物流、融资、借贷等业务。与物联网的高度"客制化"不同,科技金融在运作方式上与传统金融并无显著差异,不过在金融工具、服务、制度和政策方面会有明显的倾向性,也正是因为这种对于运作方式的无差别要求,使得物联网金融可以很好地与科技金融相融合,通过物联网金融的"高客制化",为科技活动及其产业发展提供更强大的动力。就业务范围上讲,物联网金融则要宽泛很多,几乎所有的现有金融业务都可以通过物联网来实现,随着物联网金融的发展,大量的新兴业务也会随之出现;而科技金融因其服务对象的特异性,其业务将会集中在存贷款和结算上。

(二) 物联网金融与区块链金融

区块链金融的定义很简单,即利用区块链技术为客户提供更好的金融服务。和物联网金融一样,认识区块链金融最主要的就是了解什么是区块链技术。区块链技术的本质,是一个去中心化的数据库,是一串使用密码学方法相关联产生的数据块,每一个数据块中包含了一次虚拟货币网络交易的信息,用于验证其信息的有效性和生成下一个区块。简单来说,区块链就是一种去中心化的分布式共享记账技术,它能让参与的各方在技术层面建立信任关系,具有分布式数据存储、安全性高、信息透明、高度自治性、数据不可篡改以及可追溯等特征。根据应用场景和设计体系不同,区块链一般分为公有链、联盟链和专有链三类。区块链作为一项新的技术应用,其原理相对比较复杂晦涩,我们将在后文再做深入讨论。

物联网金融和区块链金融的区别可以概括为这两者给原生金融行业的不同方面带来了改革。物联网金融基于各类物联网终端,为金融市场带来实时且互通的数据信息,并通过模块化的服务协议自主完成金融业务服务;而区块链金融则是为数据信息的读写、存储、保护以及真伪鉴别提供强有力的支撑。两者都具有高度的可靠性,均具有简化流程、追踪交易过程、节约人力成本、降低操作风险等一系列特征,为传统金融行业向高效率、低成本、大范围的迈进提供了技术支持。而事实上,金融业的发展趋势既离不开物联网,也离不开区块链,物联网为区块链技术的运用创造了环境,区块链技术反过来优化了物联网技术,最终两者共同影响金融业的发展。

(三) 物联网金融与普惠金融

普惠金融这一概念最早由联合国在 2005 年提出,近年来随着我国经济的不断发展和金融行业的日趋完善,也越来越受到关注。普惠金融是指以可负担的成本为有金融服务需求的社会各阶层和群体提供适当、有效的金融服务,小微企业、农民、城镇低收入人群是其重点服务对象。普惠金融本质上反映了当代社会经济金融发展的需求和金融行业本身发展的趋势与要求。普惠金融更多的是一种导向,引导社会资源向小微企业和弱势群体流动,让更多人能享受到先进的金融服务。

从这个角度看,物联网金融正是契合了当下普惠金融的理念和政策倾向。如前所述,在金融行业的发展历程中,其面向的服务对象的范围越来越广,提供的服务类型也越来越具体。物联网金融以其几乎无死角的覆盖能力,为金融业服务实体经济,支持小微和涉农等薄弱领域起到了强大的支撑作用。

(四)物联网金融与互联网金融

若仅从表面来看,"物联网金融"与"互联网金融"似乎是你中有我我中有你的关系。从两者的前缀"物联网"和"互联网"关系角度出发,结合前述对于物联网的介绍,似乎能看出些端倪。简单讲,物联网的实质是在互联网上让更多客观物体具有智能化的集成应用,而互联网是物联网作为数据信息传递与处理的重要基础平台。所以说,和我们的直观感受类似,物联网拓展了互联网的应用,而互联网支撑起了物联网。

那么基于上述对于"物联网"和"互联网"的分析,我们不难理解,物联网金融便是通过其在客观世界中对于物体的集成应用方面的优势,扩展了互联网金融所能触及的范围,而互联网金融发展至今形成的庞大体系,也为物联网金融的发展提供了必不可少的生态环境。就像互联网金融大大扩展了传统金融领域一样,物联网金融也将对互联网金融带来质的提升。

第二节　物联网金融的特征分析

在金融业的长期探索和发展中,每一代金融业都会存在一些特有的模式和特征,这些模式和特征既是阻碍其自身发展的根源,也是区分其和后来金融模式差异的主要内容。本节将从不同角度分析各代次金融行业发展的根源及其差异,了解这些差异将有助于我们更好地发现物联网金融所具有的广阔前景以及更好地吸取金融业发展历史上的经验教训。

一、传统金融业特征

对于传统金融,首先我们要明确,这是基于和互联网金融及物联网金融比较下的命名,其含义并非狭义地单指具备存款、贷款和结算三大传统业务的金融活动,而是指互联网金融出现以前的一切金融活动,我们称之为"传统金融"。

从历史上看,货币、信用等金融要素的产生已有几千年了,在资本主义运作方式确立以前,无论是货币的演进,还是信用的发展,都是相互独立的,这点从早期对货币和信用的研究中也能看出。工业革命以后,随着资本主义经济的发展,新式银行的出现把货币经营与信用活动融为一体形成了金融的范畴,由此,金融获得了长足的发展和进步。直至20世纪中叶以前,尽管有比较完备的金融市场,但主要的金融活动仍然在货币系统和以存款货币银行为主体的金融机构覆盖之下。20世纪50年代以来,以美国为代表,以资本主义市场为核心和以金融衍生工具市场为先锋的金融市场有了迅猛发展。中国自改革开放以来,也从"大一统"的计划金融转向多元的市场金融,形成了多元化的金融机构体系,建立了多种类金融市场,微观金融日益活跃,金融总量快速增长。从20世纪下半叶开始,随着电子通信技术的不断成熟,金融业务的不断创新,传统金融业也在稳步向前发展。

在这个阶段,传统金融业在服务主体、市场地位、服务状态、演化动力这四个方面都有明显的特征。

关于服务主体,在传统金融业,金融机构与用户形成一对一的服务关系,也就是说金融机构分别向每一个用户提供服务。银行、保险、证券及中介服务机构等,凭借自身建设的网点、机构,分别为客户提供金融服务。各家金融机构及中介服务机构各自为营,相互之间竞争多于合作。每个金融机构往往都是独立完成其主要的营销活动,包括寻找客户、指定营销计划、提供售后服务等。

关于市场地位,在传统金融业的服务模式下,以银行为例,金融机构在客户服务关系中往往处于支配地位,起到主导作用。直至今日,我国企业融资渠道依旧很少,银行仍然是企业融资的主要来源,而中小企业在融资的竞争力上往往很难与大型企业抗衡,因而在银行或金融机构主导的金融市场下依旧面临着融资困难的局面。

关于服务状态,在传统金融体系下,由于信息获取渠道不畅,信息感知和分析能力滞后,类似于商品市场的价格粘性,金融机构的每一次决策和行动后,都会保持一段时间的相对稳定,直到信息积累到一定程度,才会被应用于决策,推动金融体系采取下一步行动。

关于演化动力,传统金融业尤其是我国金融行业的发展动力往往深受政府部门的影响和制约。在传统金融体系下,政府在制定金融规则和改变规则过程中发挥着更大的主动权,甚至超过了银行等金融机构和市场本身的驱动力。政府是规则的制定者和变革者,金融机构是实现经济、金融目标的桥梁。金融机构在政府制定的规则框架下运行,既是金融演进过程中的受益者,也是金融风险的主要承担者。

二、互联网金融特征

作为20世纪最伟大的科技发明之一,互联网正在逐步改变着传统金融业的旧有运行模式和市场结构。自20世纪90年代以来,随着网络技术的快速发展,互联网在降低金融服务交易成本、拓宽金融业务范围方面的优势逐渐显现。金融机构开始利用互联网技术改造传统服务,互联网技术与金融的融合发展趋势初现端倪。特别是移动支付、社交网络、搜索引擎和云计算等技术,对金融业运营模式产生了根本的影响,网络信贷、众筹融资、互联网支付以及近年来再一次被炒得火热的比特币等名词已经被大众所熟知。

从发展趋势上看,互联网金融的产生,一方面源于互联网公司对金融业务的积极涉足,另一方面则是传统金融业对互联网的日益重视。互联网尤其是移动互联网公司以其一贯充满活力的营销方式,强势介入人们的日常金融活动,让人耳目一新,从而催生出模糊的互联网金融概念。

简单地说,互联网金融就是一切利用互联网提供金融服务的方式,包括手机银行、支付宝、P2P以及阿里小贷等。在其短暂的发展历程中,逐渐形成以下三种主要模式。

第一种,互联网渠道金融。这是利用互联网来实现以前本需要通过以柜台为代表的面对面形式的传统渠道来完成的金融服务。其特点是利用互联网的手段来代替之前的服务方式,是传统金融模式在互联网时代的一种正常延伸,并且在相当程度上实现了对于传统渠道的替代。此类模式的典型代表有网上银行、手机银行等。

第二种,互联网小微金融。这是利用互联网技术,把本来需要通过线下交易完成的金融业务与服务通过互联网的方式在线上完成,且其主要对象是小微客户群体。其特点是这种模式不仅类似于第一种模式对传统渠道的替代,而且延伸和扩展了业务范围,同时大大降低了原先交易与服务的成本。此类模式的典型代表有P2P、众筹等。

第三种，纯粹的互联网金融。这是在互联网生态的产生和发展背景下，形成的独有的服务于互联网经济活动的金融需求的全新模式。其特点是完全由互联网生态的产生而出现，且直接向客户提供此类服务的基本都是互联网企业而非原生金融机构。此类模式的典型代表有余额宝、各种第三方支付、众安保险一类的保险网购平台以及比特币等。

仔细分析以上三种主要模式，我们不难发现，当下如火如荼的互联网金融具有以下几方面特征：

其一，互联网金融伴随着电子商务及其平台的诞生而诞生。互联网时代的商务平台主要指的是一种虚拟的营业场地，通过相应的网络平台，来满足人员对资金运作的要求。在目前互联网技术逐渐成熟的条件下，网络通信技术能够将整体或者分散的经济活动通过网络进行连接，形成了一种虚拟却有效的交易平台。目前典型的商务平台包括淘宝、支付宝、苏宁易购等，这些商务平台能够有效地降低资金投入和交易成本，并且形成更大的交易规模，实现产品资金的进一步整合。

其二，互联网金融积极寻求跨界发展。互联网金融能够通过相应的平台，对交易主体进行任意切换，不同经济类型和经济活动之间的阻碍将大大减少。这样的跨界行为在目前的众多行业领域中均有体现，比如说视频网站可以对图书和影票进行推销；房地产行业可以对家用车进行推广。在这样的情况下，互联网商务平台可以对不同的业务单元进行叠加，满足了用户的不同需求。

其三，互联网金融拥有强劲的自我进化能力。互联网金融在其发展过程中持续不断地更新。由于互联网带来的高度联通，各个产业领域之间的交流和沟通变得更加频繁和顺畅。另外，由于用户可以无障碍地、低成本地从一个平台中选择不同的产品和服务或者在不同的平台上分别选择适合自己的产品和服务，使得金融产品的提供方一直处在激烈的相互依存和竞争中，这样的状态不断迫使互联网金融机构时刻寻求创新和进步。由于人们生活理念和方式的不断更新，相应的服务品类和社交元素也在不断丰富，在新行业的不断衍生下，互联网金融新的发展方向和增长点也源源不断地涌现，为互联网金融注入新的活力。

其四，互联网金融的方便快捷。互联网的存在打破了空间和时间的限制，用户可以根据实际需求，随时随地在网络平台上进行各种类型的金融活动。这样的现象随处可见，比如说水电费等各类生活费用的缴纳和代收，在互联网金融环境中,可以通过第三方支付网络来轻松完成。互联网的不断发展,使金融服务的场所转移到了网络可以覆盖的所有区域和场所,通过各类终端设备和高效快捷的移动网络,金融机构和客户能够在最大程度上缩短金融活动的响应时间,整体上提高了整个社会的金融效率。

三、物联网金融特征

要讨论物联网金融的特征,当然离不开物联网的特点。作为以物联网为载体建立起来的全新金融体系与模式,物联网的特点从一开始就刻在了物联网金融的 DNA 上。因此,在介绍物联网金融的特征之前,我们先来讨论物联网有哪些显著特点,并与其他金融技术有何区别。

物联网的第一个特点便是全面感知。顾名思义,对于志在实现"万物互联"的物联网来说,尽可能多地去收集客观世界的信息,便是其需要迈出的第一步。物联网通过各类传感设施,对客观世界进行观察从而获取信息,抑或是通过传感器之间的通力合作,来全方位地获取客观世界的可用信息。在现有技术水平下,声音、图像、温度、压力、电磁信号等信息均可被物联网采集和感知,并转换成可供传输的电子或数字信号。

物联网的第二个特点便是即时传输。由于物联网传感器的存在,信息的采集得以全天候不间断进行,而数据的传输也得益于发达的互联网络能够实现实时有效的传递。同时,由于各类电子信息处理设备的存在,物联网中各类信息已经可以摆脱人力而实现自由的双向传递,省去了人力确认信息和发送重复指令的烦恼。还有,物联网的整个信息传递网络可以像互联网一样分为局域网和广域网,并在不同的网络使用不同的传输协议以达到防干扰抗攻击等目的。

物联网的第三个特点,也即在即时传输中已经提到的,信息的实时智能处理。在物联网中,除了需要大量的传感器、大量的数据发送和接收装置之外,数据处理装置也必不可少。由于传感器对客观世界信息的大量实时采集,数据信息体量庞大,需要经过筛选"瘦身"后才能方便传输;另外,为了能够实时反馈,有效处理信息,大量的重复性工作可以通过事先设定的算法由计算机去处理和调度,从而实现"万物智能互联"的效果。

所以,总的来说,物联网具有"全面感知""即时传输""智能处理"三大基本特点。那么,基于物联网的物联网金融又有哪些特征呢?

在传统互联网阶段,由于协议简单、监管不严,网络上的信息总是真假难辨,而在物联网金融中,这种担忧基本上可以打消。物联网金融的第一个特征,即是"确认信息价值"。在传统金融行业和互联网金融行业,绝大多数信息仍旧依靠人力进行手动录入,不仅效率低下,存在出错的可能,更是给了不法分子以可乘之机。传统的仓单质押业务,就是因为仓单录入的人工化以及单据与仓储现状难以实时查证而往往出现多次重复质押的情况,例如前些年的钢贸诈骗案。而在物联网的体系下,仓单数据和实际仓储状况得以实时比对,使得质押信息有了更强的真实性和可信度,也即赋予了信息以价值。这一价值的来源,是信息的真实性、唯一性和可靠性,这都来源于物联网的全面感知和即时传输的特点。

当部分信息在物联网的改造下拥有了真实性、唯一性和可靠性之后,这些信息就不再是单纯的信息,而是成为"信用",这就是物联网金融的第二个特征,即优化信用结构。准确地说,应该是物联网金融的出现,优化了整个金融市场上的信用结构,大量由物联网产生或验证的信息,由于其高于传统信息的真实水平而更加受到市场的认同和利用。由于大量传感器和即时传输网络的存在,这些信息的变化也被即时、序时地记录下来,对于市场来说,真实有效的历史信息是预测未来走势的最好样本,这些实时记录的信息也给使用者提供了预期的可能,而事实上,由于大量数理模型的存在,这些预期,也十分容易地由物联网的计算处理终端来加以完成。

物联网金融的第三个特征便是提高金融效率。信息真实可辨,减少了虚假信息带来的风险;信息实时可查,减少了监控监督成本;信息智能处理,解放了重复性的脑力劳动。

综合以上几点不难发现,物联网区分了真实信息和虚假信息,使得本身分散的价值集中到了真实信息上,从而优化了整体市场信用结构,提高了金融市场的效率。

第三节　物联网与其他金融技术的融合逻辑

一、物联网与区块链

可以说区块链技术是互联网金融的产物,然而互联网金融并没有太多区块链技术的用武之地,当物联网兴起,物联网金融开始出现的时候,区块链技术才开始真正发挥它的作用。

从第一节相关概念的阐述中我们可以发现,区块链技术的本质是一个去中心化的数据库,是一串使用密码学方法相关联产生的数据块,每一个数据块中包含了一次虚拟货币网络交易的信息,用于验证其信息的有效性和生成下一个区块。其实区块链是一个舶来词,是英文 blockchain 的直接翻译,而更深层次的区块链技术应该是"共享账本"——block 有账页的意思,由一页一页序时的账页串联形成的记账链条——chain,则成为 blockchain,即区块链。说白了,区块链其实是一种记账模式。那么在这种记账模式中,什么叫作"去中心化"?数据信息又是如何"验证"的?它又具备什么特别的优势?

首先,什么叫作"去中心化"?举个例子,我们在淘宝购物,款项是从买家手中经过一个交易平台——支付宝,然后再转移到卖家手中,这一过程中的支付宝作为交易平台就是一个"中心机构",每一笔交易都要经过这个"中心机构",这就是一笔中心化的交易。这种中心化的交易非常依赖"中心机构"这个平台,当平台出现问题时,交易也就不能进行。而去中心化,则相当于绕开了这个平台,买家和卖家直接交易,更加简便快捷,而且更加保护隐私——不需要向第三方透露交易信息。

然而,没有了中心平台来识别双方身份或是确认双方信息,那么,在这样一种点对点的去中心化模式下信息的准确性和可信度就要打上一个问号,每一笔交易形成的数据信息组成的数据块又是如何保证不被攻击不被篡改呢?区块链技术对于这一问题的解决,就是依靠"共享"两个字。不同于原先的记账方式,在区块链技术下,所有数据都是记录在同一账簿中,并且及时同步到所有用户的终端。举个例子,全班五十个同学,每人都有一个账簿,当小明和小红完成交易并记账后,所有人的账簿中都会同步记录这笔交易并且相互之间实时比对更新以确认一致性,这样一来,任何一个人想要试图篡改这笔交易,都要同时修改五十份账簿,难度可想而知,更别说在互联网甚至物联网这样终端数量极其庞大的系统中了。再加上密码学上随机哈希算法的加密,使得数据信息在原来准确性和可信度的基础上,安全性和效率都有了一个提升。

在初步了解了区块链计数原理之后,我们回过头来看它给原有的互联网金融带来的变化,以及融合了物联网以后,区块链金融又有哪些新的拓展。

在此之前,区块链对金融带来的最大冲击无疑是比特币的强势走红。然而随着比特币交易退出中国市场,由于缺乏足够的分布式场景,当下区块链技术在"互联网金融"的大背景下并没有太多的作用。然而,随着物联网的兴起和物联网金融的产生,物联网和物联网金融的安全越来越受到重视,原本渐渐淡出市场的区块链金融也重新焕发了光彩。

由于物联网金融需要大量物联网终端设备的支持,每一个终端设备都是物联网中的一个节点,各个节点之间互联互通需要尽可能高的效率和尽可能强的安全保证。因此,区块链技术的去中心化使得每一个小型物联网系统之间可以有效地互联互通,并且使得数据更加安全隐蔽不可篡改。同样,区块链金融也通过物联网将业务从原先的记账和特定区域的"虚拟货币"交易业务,拓展到与现实货币相关的、能够参与经济资源配置的"大金融系统"中来。

二、物联网与智慧物流

智慧物流的概念最早于2009年提出,从提出初始便是以物联网作为技术基础,通过物联网庞大的传感系统实现物流的自动化、网络化、可视化、实时化、可跟踪与智能控制目标。

目前,大多数研究者认为,智慧物流是指运用物联网的底层技术,诸如无线射频识别、传感器、全球定位系统等,从各个角度改造传统物流业的运输、仓储、配送、快递等基本环节,实现物流行业的职能化和自动化,实现高效率和低成本的有效结合。因为物联网的存在,智慧物流一般具有识别感知、优化决策、定位追溯等功能。识别感知就是指对物品信息进行数字化处理,通过射频识别、卫星定位等技术快速对物品进行识别,进而实现物流过程中生产自动化、销售自动化、流通自动化的管理。优化决策就是指对物联网的数据进行挖掘,将信息处理技术应用于物流管理和配送系统,通过对物流数据、客户需求、商品库存等信息和数据进行挖掘分析,计算并决策得出最佳仓储位置与配送路径,实现物流存储与配送决策的智能化。定位追溯功能同样是利用射频识别、卫星定位等技术实时获取车辆及物流配送过程中各环节的数据和信息,以了解货物的位置和状态等配送信息,对货物进行全过程的定位与追踪管理,为客户与管理者提供实时的物流运行状态的信息反馈,并可对物品产地等相关生产和流通信息进行追根溯源。

智慧物流的技术架构其实与我们之前提到的物联网三层技术架构是一致的,按照现代物流的应用要求和物联网的架构原理对各层进行细化,为现代物流提供有效的技术支撑。其实施过程分为五个步骤:第一步,对物的基本信息实现实时共享与互通;第二步,对各个物流活动的信息进行感知,将物流信息与物的信息进行融合,保证物的物流过程信息化;第三步,利用自动化技术实现物的搬运过程自动化,降低物流搬运强度,提高物流准确性;第四步,对各个物流活动利用信息化技术进行串联,实现整个物流过程中的信息集成一体化;第五步,对各个物流活动进行深入分析和挖掘,不断利用计算机技术深入优化物流活动。整体来说,智慧物流所需要的一切信息基础,都来源于物联网的感知系统,而其数据信息的传递和部分信息的处理也大多通过物联网解决。

三、物联网与供应链金融

供应链金融是指商业银行以供应链中的核心企业为中心,结合整条供应链的具体业务特点,同时向核心企业以及该企业的上游和下游企业甚至整条供应链上所有企业提供融资服务和其他结算、理财服务等高度集成化的系统性金融安排。

一个完整的供应链包括需求信息流、货物与服务流以及资金流三部分。整条供应链的根本驱动力量是最下游企业或市场的需求。需求以订单的形式经由供应链上的企业层层上传,企业根据自己接到的订单进行生产,最终以原材料、半成品和产成品的形式形成整条供应链上的物流。在目前以赊销和票据支付为主的商业模式以及"早收晚付"的财务管理思想的影响下,核心企业由于处于主导地位,因此在首付款上具有优势。与此相对,其他企业所生产的产品,从存货状态成功出售后转为应收账款,再到顺利收到货款,往往需要经过一段很长的资金空白期,由此滋生出供应链上企业的短期融资需要,从而形成商业银行供应链业务的服务重点。除此以外,供应链金融业务还强调为整条供应链上的企业提供信息服务,减少企业间的信息不对称,使需求信息流、货物与服务流以及资金流形成有序衔接,从而降低企业仓储成本等过程费用和财务费用。

那么物联网技术究竟能给供应链金融带来怎样的变化呢?以物联网技术为基础的供应链金融具有应用环境广泛、数据收集高效、信息传递及时等优势,利用物联网技术,可以将供应链上的企业串联在一起,使企业间的信息能够共享,形成一个物联网信息系统。在供应链金融业务中,企业申请贷款的抵押品一般是与供应链业务相关的动产。通过物联网技术,可以在物联网信息系统中赋予动产以不动的属性,使商业银行可以对企业的抵押品和业务过程实现动态跟踪,将传统的金融业务变为"智慧金融":一方面通过对抵押品和企业业务过程的动态跟踪,商业银行可以清晰地掌握抵押品的来源、质量、位置等信息,降低供应链金融业务的操作风险和对抵押物进行监管的工作强度;另一方面,在物联网技术的支持下,商业银行能够对链属企业的经营状况和交易细节进行充分的了解,并且以此为基础,可以向链属中小企业开展更多的中间业务,如资金归集管理、应收账款管理等扩大供应链金融业务的服务范围。

总的来说,将物联网技术引入供应链金融业务中来,可以解决信息不对称带来的约束和风险,而且在业务成本与风险方面都会给供应链金融业务带来重要影响。其中在业务成本方面,物联网技术的引入会改变商业银行信息获取成本的构成,增加员工培训、人才引入等人力资源成本;而在业务风险方面,物联网技术的引入对传统供应链金融业务中常见风险均有不同程度的抑制作用,当然也会衍生出新的与物联网技术相关的外部风险。

第四节　物联网与科技金融

一、科技金融概念与特征

科技金融是指"促进科技进步和相关产业发展的一系列金融工具、服务、制度和政策"。从定义上看,科技金融的本质依旧是"金融"二字,只不过其目标对象更有针对性,重点面向科技类相关产业以及能够促进科技进步的相关单位和工程。

上文在辨析"物联网金融"和"科技金融"概念时,提到了"金融科技"一词,当时并未对"科技金融"和"金融科技"做出明确区分,仅仅指出二者侧重点的不同,在这里我们通过"蚂蚁金服"和"浦发硅谷银行"这两个案例对二者之间的差别做出说明。

首先介绍蚂蚁金服。蚂蚁金融服务就是一系列典型的金融科技组合的结晶,目前已经建立起较为完善的金融科技体系。其中支付宝主要提供支付以及理财服务,包括网购担保交易、网络支付、转账、信用卡还款、手机充值、水电煤缴费以及以余额宝、招财宝为主的个人理财业务。在进入移动支付领域后,开始为零售百货、电影院线、连锁商超和出租车等多个行业提供服务。而芝麻信用则成为国内最强大的征信产品。将淘宝、天猫等电商与支付宝的各项消费、支付数据等打通,获取用户的消费、生活各项大数据,由此建立起较为完善的征信体系,并且获取征信信息的方式便利,能够更好地服务于金融行业,这将极大地提高金融的效率。

再来看浦发硅谷银行。浦发硅谷银行的主要金融服务即可视为科技金融。浦发硅谷银行定位于服务创新型企业,通过创新型资产价值的评估模式,为科技创新企业提供资金支持;量身定制金融服务方案,满足企业在各个发展阶段的需求;提供全球化合作平台,为国内企业向海外市场的发展搭建桥梁。从具体业务来看,例如浦发硅谷的"3+1"创新金融模式服务计划,以解决闵行区内的中小型科技创新企业融资难为目的,充分发挥政府和金融机构的资源和专业优势,将浦发硅谷银行所独有的"硅谷银行模式"通过浦发银行的人民币信贷渠道,在上海实现落地。

基于以上两个案例,我们可以归纳出金融科技和科技金融的差异所在。金融科技,就是包括人工智能、征信、区块链、云计算、大数据、移动互联等在内的科技成果和高新技术以及相应的能够提高金融效率的产业。而科技金融则是一个金融体系,不仅包括案例中的浦发硅谷银行及其业务,也包括一系列能使相似业务得以开展的金融工具、服务、制度和政策。

要真正区分金融科技和科技金融,可以从以下几个角度进行比对和考量。

其一,落脚点。金融科技的落脚点是科技,具备为金融业务提供科技服务的基础设施属性。与其并列的概念还有军事科技、生物科技等。科技金融的落脚点是金融,即服务于科技创新的金融业态、服务、产品,是金融服务于实体经济的典型代表。与其并列的概念还有消费金融、三农金融等。

其二,目标。发展金融科技的目标在于利用科技的手段提高金融的整体效率。发展科技金融的目标在于以金融服务的创新来作用于实体经济,推动科技创新创业。

其三,参与主体。金融科技的主体是科技企业、互联网企业及以偏技术的互联网金融企业为代表的技术驱动型企业。科技金融的主体则是以传统金融机构、互联网金融为代表的金融业。

其四,实现方式。实现金融科技创新的方式是技术的研发和突破。实现科技金融的方式是金融产品的创新及相应大环境的配合。

其五,具体产品。金融科技的具体产品包括第三方支付、大数据、金融云、区块链、征信、AI、生物钱包等技术及手段。科技金融的具体产品包括投贷联动、科技保险、科技信贷、知识产权证券化、股权众筹等金融业务。

二、科技金融与物联网金融关系

从前文讨论的科技金融的定义来看，物联网金融应该是科技金融体系中的一个组成部分，但科技金融涵盖的范围更广，包括的内容更全面。从唯物辩证法的角度来看，科技金融和物联网金融这一整体与部分的关系是相互依赖、相互影响的。

首先来看两者的区别。第一，科技金融与物联网金融的内涵不同，前者是指促进科技进步和相关产业发展的一系列金融工具、服务、制度和政策，而后者则是指以互联网为基础、物联网为载体，强调数据信息的传输和处理的实时化、网络化，具有更强针对性和普适性的全新智能金融模式。第二，科技金融与物联网金融的地位不同。科技金融居于主导地位，它的发展趋势也统率着物联网金融的未来走向。第三，科技金融与物联网金融之间功能不同，前者包含了金融工具、服务、制度和政策的一系列内容，从各个角度各个方面服务于相关产业，而物联网金融更多的是依靠其大量的传感器和传输设备，为信息的采集和传输提供支持。

其次来看两者的联系。第一，在当前我国金融发展趋势下，科技金融与物联网金融是密不可分的，物联网金融的大量数据给科技金融体系提供了最原始的信息和经验积累，而科技金融体系的构建，包括工具和服务，很大程度上需要物联网金融来协助实现。第二，科技金融与物联网金融在发展的过程中相互影响，物联网金融作为底层金融服务模式，直接推动着科技金融成果的产生，而科技金融在借鉴物联网金融经验基础上制定出的制度与政策，又在一定程度上服务和规范了物联网金融的发展。

最后，正如唯物辩证法中讲到的，整体与局部在一定条件下可以相互转化。由于物联网技术"万物互联""全面感知"能力的存在，使得其可以深入金融服务的每一个角落，包括科技金融重点关注的科技及相关产业，因此从某些角度来说，物联网的发展正统率着科技金融发展的大方向和大趋势。

所以，在考察科技金融和物联网金融之间的关系时，切不可将两者割裂开来，因为这是一个你中有我我中有你的有机系统。

三、科技金融未来发展趋势

和物联网对于科技金融的影响类似，科技金融未来的发展趋势主要还是基于金融科技的发展状况,也就是说,未来金融科技的发展趋势也就是科技金融的发展趋势。

在2017年香港亚洲金融论坛上,关于中国科技金融的发展现状,香港交易所首席中国经济学家巴曙松教授在题为《中国金融科技发展评估与趋势展望》的主旨演讲中表示,中国传统的金融服务供给自身存在不足,科技类公司迅速发展,填补空白占领先机,而传统的金融业在吸纳科技人才和技术方面显得并不很积极主动,"这时候需要引入新的竞争主体,比如给金融技术企业发放牌照"。

与上文提到的定义类似,金融科技通常被界定为金融和科技的融合,就是把科技应用到金融领域,通过技术工具的变革推动金融体系的创新。全球金融稳定委员会对金融科技的界定是,金融与科技相互融合,创造新的业务模式、新的应用、新的流程和新的产品,从而对金融市场、金融机构、金融服务的提供方式形成非常大的影响。金融科技的外延囊括了支付清算、电子货币、网络借贷、大数据、区块链、云计算、人工智能、智能投顾、智能合同等领域,正在对银行、保险和支付这些领域的核心功能产生非常大的影响。

如果从对推动金融行业变革影响最深远的IT技术角度看,目前金融科技可以划分为三个阶段。

第一个阶段可以界定为金融IT阶段,或者说是金融科技1.0阶段。在这个阶段,金融行业通过传统IT的软硬件的应用来实现办公和业务的电子化、自动化,从而提高业务效率。这时候IT公司通常并没有直接参与公司的业务环节,IT系统在金融体系内部是一个很典型的成本部门,现在银行等机构中还经常会讨论核心系统、信贷系统、清算系统等,就是这个阶段的代表。

第二个阶段可以界定为互联网金融阶段,或者叫金融科技2.0阶段。在这个阶段,主要是金融业搭建在线业务平台,利用互联网或者移动终端的渠道来汇集海量的用户和信息,实现金融业务中的资产端、交易端、支付端、资金端的任意组合的互联互通,本质上是对传统金融渠道的变革,实现信息共享和业务融合,其中最具代表性的包括互联网的基金销售、P2P网络借贷、互联网保险。

第三个阶段是金融科技3.0阶段。在这个阶段,金融业通过大数据、云计算、人工智能、区块链这些新的IT技术来改变传统的金融信息采集来源、风险定价模型、投资决策过程、信用中介角色,因此可以大幅提升传统金融的效率,解决传统金融的痛点,代表技术就是大数据征信、智能投顾、供应链金融。

我国目前基本上处于金融科技1.0阶段的后期。一旦虚拟现实技术成熟，就意味着金融科技1.0时代结束，进入金融科技2.0阶段。当前，市场对金融科技期望非常高，最典型的是人工智能。首先，人工智能是指通过快速吸收信息，把信息转化为知识。比如，对一个公司上市前的各个融资阶段或者放贷对象的基本分析，以及在实体经济中对于产业业态和竞争格局的分析，采用这个技术，原来的一些中低端的分析活动会被大面积替代。其次，人工智能是指在领域建模和大数据分析的基础上尝试对未来进行预测，在时间维度上利用人工智能沟通过去和未来，可以减少跨越时间的价值交换带来的风险。最后，人工智能还包括在确定规则下优化博弈的策略，可以更充分地学习历史数据，采用左右互补来增强策略，实现共同协作。而且，人工智能在决策过程中不会出现人类面对利益时的情绪波动。

当前非常热门的智能投顾，通常就是指利用机器人通过与资产组合理论相关的算法来搭建数据模型和后台算法，为投资者提供智能化和自动化的资产配置建议。在美国，每一个人都要对他的养老金账户做出决策，因此需要专业的投资顾问，正是个人对养老金账户的投资决策需求，直接催生了美国的智能投顾。而在中国市场上，智能投顾需要寻找新的发展模式。智能投顾比下围棋要复杂得多，下围棋只有两个人博弈，规则是非常清楚的；而参与金融投资的博弈者非常多，且许多规则是变动的，市场上既有很多已经充分披露的信息，也有很多需要挖掘、没有被编码的信息，此外还有情绪的波动，等等。

金融科技领域第二个广受关注的，便是上文说到的能够在物联网及物联网金融框架下发挥重要作用的区块链技术。从目前的趋势看，它有可能会重构金融行业的底层架构，其优势是可以降低信任的风险，每一个数据节点都可以验证账本内容和记录历史，提高了系统的可追责性，降低了系统的信任风险，而且具有灵活的架构。区块链技术也可以降低金融机构的运作成本，实现共享金融的效果。其具体应用领域包括点对点的交易，P2P的跨界支付、汇算、结算，也可以应用于记录各种信息，如客户身份资料和交易记录等，应用于土地所有权、股权真实性的验证和转移，以及智能合同管理。所谓智能合同管理，就是利用人工智能自动检测这个合同是不是具备生效的环境，一旦满足预先设定的程序，合同就自动处理，比如说自动付息、自动分红。前一阶段金融界非常关注钢贸融资等局部的金融风险，如果运用区块链的记账技术,以及物联网的信息采集和监控技术,就可以在很大程度上避免这一风险,因为区块链技术可以防范源头仓单的多次重复质押。

很多领域在利用区块链技术方面都有很大的空间。比如在征信方面,利用数字和技术来做信用背书,不需要权威的中介机构就能够自动完成,相对公正,而且资料可永久保存。在股票交易中,现在需要中心化数据的储存等的平台,而区块链技术的应用可以直接去中介化地完成这个过程。

目前我国的金融科技活动,主要集中在五类机构、六大业态。五类机构包括传统金融业、互联网机构、新兴互联网金融、通信机构和基础设施。六大业态包括互联网支付、网络借贷、众筹融资、互联网基金销售、互联网保险和互联网消费金融。

经过这些年的发展,中国的网络支付已经成为互联网金融活动中最成熟的细分行业之一,并为金融科技未来广泛应用于各行业提供了一个场景介入的基础。在这点上,中国市场的发展是领先的。有一个有趣的测试:一个无现金的旅行者可以在一个城市生活多长时间?测试发现,在中国内地的主要城市,无现金而用网络支付,几乎可以无障碍地持续生活下去;而不少国际化的大都市,例如香港、巴黎等,在这方面都还有欠缺。

支付有金融和数据的双重属性,支付场景拥有的数据资源是进一步发展为信贷、征信等复杂金融业务的基石。社交媒体可以整合个人消费领域、安全领域的众多信息,直接转化为金融服务的提供平台。搜索引擎可以将用户流量引入金融领域,未来可以方便地使用大数据、人工智能分析。

中国知名互联网机构参与金融科技的路径各不相同。阿里巴巴是通过电商场景,首先有交易,接着自然就要有支付,有了支付和大量数据,就能延伸到信贷、征信、借贷和众筹。腾讯有很强大的社交场景,社交场景本来离金融活动有一定距离,但腾讯以微信红包为载体进入支付领域,由社交到微信红包,从红包再到微信支付,之后进入个人消费,再到小额信贷、保险等领域。相比较而言,百度离直接的金融业务似乎比较远,特别是在支付领域介入很少,但是,百度有可能在金融科技2.0或3.0阶段,应用搜索场景和网络流量介入人工智能分析和大数据分析等领域。

中美金融科技发展的路径也有不同。美国的线下金融体系比较发达,金融科技企业的角色被定义为覆盖传统金融体系遗漏的客户和市场缝隙,以及提高已有业务的效率。金融科技是从硅谷成长起来的,但华尔街迅速替代硅谷,成为研发中心。在中国市场上,传统的金融服务供给本身就不足,科技类公司的发展可以填补这个空白，并且利用互联网的优势形成高速扩展，有可能占领先机。传统金融业吸纳科技人才和技术显得并不是很积极主动。因此，中国可能需要给金融技术企业发放金融业牌照，以促进竞争和创新。

讨论金融科技和科技金融，就必须讨论监管。中国的互联网金融活动在起步阶段时，监管环境是相对包容的。这就给了中国互联网金融主体一个相对宽松的探索机会。在出现了一些局部的风险之后，总体上看，监管力度在加强，互联网金融活动开始进入调整期。与此形成对照的是，国际范围内对于金融科技的监管趋势则是初期总体上偏紧，而现在一些主要的金融中心开始转向积极地与市场互动，促进金融科技的发展。在发达市场，前期主要是从微观审慎角度和行为监管角度出发，评估金融科技的影响，坚持监管一致性原则，对金融科技和现有金融业务保持一致的监管。比如，P2P在美国归属于证券业务，和众筹一道纳入证券市场的行为监管。英国对P2P网贷和众筹都有最低的资本金要求。监管一致性原则、监管的渐进适度原则和市场自律原则，共同成为当前发达经济体对金融科技进行监管的基本原则。美国总统奥巴马在快离任之前，发布了一个金融科技的监管框架报告，其中重点强调消费者的权益保护和监管的一致性。经过前期的探索之后，主要经济体在强调监管一致性原则的前提下，开始尝试在防范风险和促进创新中找一个平衡，允许金融科技公司在某些范围内合理冲撞现有法律政策的灰色地带，强调市场自律。

国际社会对金融科技未来的监管框架开始形成一些共识。2016年3月，金融稳定理事会首次正式讨论了金融科技的系统性风险和全球监管的问题，金融科技对金融稳定的宏观和微观影响成为重要考虑因素，国际协作开始启动。这个会议重点讨论了几个方面的问题，比如，对金融创新产品和创新服务进行实质性的界定，特定的金融科技创新是什么性质的金融产品？边界在什么地方？对微观与宏观层面的稳定有什么影响？会不会走向新的集中化和市场垄断？中国参与金融科技监管国际合作、参与国际金融监管体系构建，已经成为一个重要课题。

随着金融科技的发展，行业的发展与监管的力度与水平将形成相辅相成的关系。中国的监管机构对于传统金融机构的监管已经逐渐摸索出一套成熟的办法，监管总体而言是有效的，但金融科技的创新提速之快，使得世界范围内的金融监管都面临挑战。

第五节　物联网金融发展中亟待解决的问题

一、局部闭环系统的开放互通

早在19世纪末20世纪初,电子设备网络系统已经出现,例如出现了电话网络和电报网络以及其他各类专用网络系统。然而受限于当时的技术水平,此类电子设备网络往往带有很多我们现今看来难以想象的特点。第一个特点是系统的"垂直集成",在此类网络中,不论硬件、软件乃至上层应用均归于单一所有者拥有,网络的各个部分互相紧密耦合,以完成相应任务。第二个特点是系统的"协议专用",系统内部的交互协议往往根据自身具体需求量身打造,且核心协议往往作为保密部分加以隐藏,使得各个不同的网络系统难以互相连通。

如今,物联网和物联网金融也正处在这样的发展阶段。正如上文所说,同样地,整个物联网和物联网金融系统也存在这两个类似的特点,即系统垂直和协议专用。详细地说,当前,许多物联网系统是为解决某一领域或区域的特定需求而搭建的,如环境监测、交通控制、灾害应急,以及本书着重讨论的其在金融领域面对不同需求时所要面对的不同问题,这使得各个物联网系统之间相互独立,搭建过程中的传感设备、软件模块、通信格式也往往基于具体需求进行定制,这直接导致了各个物联网络系统资源共享困难、基础功能重复实现和网络难以互通的问题。当年,颠覆早期电子设备网络的互联网之所以成功,就是因为其针对这两个特点做出了专门的改进,致力于系统之间的水平互联,通过通用协议(如TCP/IP协议)为各个不同的网络搭建信息交互平台,实现各个网络的互联互通。

虽然物联网金融以互联网为基础,但其各个不同的网络各自形成局部的闭环系统难以在互联网层面上进行开放互通,其本质原因也是因为各个物联网络设计和协议的独特性。在将来,为了扩大物联网金融的覆盖范围,实现更多层面的数据信息互通、设备搭建的模块化和金融服务的无死角覆盖,通用协议的水平互联平台必不可少,物联网局部闭环系统的开放互通势在必行。

二、隐私数据及信息的保护

物联网技术的出现,最根本的是使信息采集变得更为容易。而在信息采集过程中,由于设备是基于自身协议代码机械性地收集数据,在某些时候难以区分隐私信息和公开信息,其对物理空间对象的感知或多或少会涉及相应人群的非业务所需的隐私信息,并且不加以分类地将此类数据连入网络。其次,本身业务所需数据也有公开和保密之分,那么同互联网以及传统金融行业一样,保密部分的数据信息就有可能被窃取和滥用。因此,物联网,尤其是涉及金融领域的物联网在设计时就应该充分考虑隐私协议,保证相应隐私数据在数据收集和存储阶段得到应有的保护。

三、物联网金融系统搭建的可扩展性

现在已经比较成熟的物联网金融项目,除了广泛依托于互联网和各种移动设备的线上支付比较成规模成体系之外,大量企业所需的与投融资相关的物联网金融项目往往需要根据客户自身实际情况和业务需求定制相应的物联网络,这给物联网金融的量产带来了挑战。

虽说相比于金融业务本身,对于企业物联网络的搭建和设备的采购安装成本并不高,但是从整个社会角度看,大量的功能重复和专用网络体系并没能够很好地节约社会资源。

因此,物联网金融未来的一个重要发展方向就是网络结构的模块化,分离出公共服务模块、常见服务模块和特别服务模块,从而起到节约社会资源、简化系统搭建的效果。另外,模块化的物联网络系统意味着功能的自由加减和通用的协议标准,既方便了客户个体需求的满足,也兼顾了闭环系统的互联互通。

四、物联网金融的监管问题

物联网金融为人们勾画了智慧地球的美好前景,其会对金融支付、现代物流、公共服务等多个领域带来变革和创新。但是在这个平台上涉及的国家机密、商业秘密、个人隐私、数据保护、财产安全等问题无疑是最迫切需要得到安全保障的。如今,物联网金融刚刚兴起,但发展势头强劲,若不及时设置行业规范并构建监管体系,将会给物联网金融发展的美好前景蒙上一层未知的阴影。

如前所述,物联网金融在各个层面均未实现行业规范,大量的案例均是就客户需要或业务需要而定制特殊的物联网终端和金融业务协议。这使得各个闭环系统之间数据交流困难,更是给全行业的数据统一监管带来了相当大的难度;同样,在协议层面,各类互不相同的独立协议,在缺乏标准化的情况下,各方参与者在遇到问题时往往很难获得一个公允的处理结论,这对日后系统的运行埋下了隐患;最重要的是,不论如何发展,物联网金融归根结底还是为社会大众提供金融服务,如此涉及民生大计的行业必须要有强有力的监管,才能保证社会经济以及物联网金融自身的稳定发展,以推动我国金融行业迈向新的台阶。

第六章
物联网金融对金融业的影响研究

物联网金融在互联网金融的基础上,增加感应层,实现了金融业务中信息的公开与客观,对金融业产生颠覆性影响。本章首先研究物联网金融在信息、成本、信用以及创新方面对金融业颠覆性的整体影响,进而针对目前物联网金融应用广泛的银行业、保险业、证券业分别进行重点行业的研究,由浅入深,逐步递进地阐述物联网金融对金融业的深刻影响。

第一节 物联网金融对金融业的颠覆性影响

物联网金融的发展将对传统金融产生根本性的影响,物联网技术带来客观信息的可获得性极大地降低了各经济主体获取可靠信息的难度和成本,推动经济社会建立客观信用体系,进而推动金融创新大力发展。

一、有效解决信息不对称问题

信息不对称是指交易双方信息不对等。在市场经济活动中,交易双方常常掌握不同程度的信息,掌握较多信息的一方在交易中处于优势地位,而掌握较少信息的一方则处于劣势地位。在金融领域信息不对称问题尤为突出,以借贷交易为例,通常借款方对自身经营状况、资产负债情况、资金流转状况拥有更多的信息,而贷款方只能接受对方的选择性告知,难以避免对方的有意隐瞒,从而在交易中处于不利地位。如果贷款方想要获得更多借款方信息,需要借助各种渠道,从而付出成本。在传统金融发展中,银行、保险公司、证券公司等金融机构都会面临信息不对称问题,从而产生银行信贷业务损失、保险公司客户骗保等情况。于是各金融机构出于安全性与盈利性的考虑，往往选择提高业务门槛，例如银行设置更严格的贷款资格审核，保险公司提高保费，等等。然而高标准和高要求会将一部分有价值的业务拒之门外，不利于金融机构的业务发展与经营，同时导致资源配置的低效与不合理。一方面，金融企业的趋利性促使信贷资金"脱实向虚"，大量资金在金融体系内自循环，出现货币存量高企下的"钱荒"现象。另一方面，金融机构出于防范风险的原因，出现"贷长、贷大、贷房、贷垄断、贷政府"的偏好。作为国民经济发展重要力量的中小微企业虽然具有强烈的融资需求，却因存在较大的经营风险而陷入了"融资难"的境地。

互联网金融的出现并没有提供缓解信息不对称的根本方法。互联网金融借助互联网技术、移动通信技术实现资金融通、支付和信息中介等功能，社交网络、电子商务、第三方支付、搜索引擎等形成的庞大数据量通过云计算和行为分析理论使大数据挖掘成为可能，数据安全技术使隐私保护和交易支付顺利进行，而搜索引擎使个体更加容易获取信息。这些技术的发展极大地减小了金融交易的成本和风险，扩大了金融服务的边界。然而互联网金融只能提供对接资金供给和需求的通道，资金供求双方通过互联网金融能够"去中介"，实现直接融通，利用互联网技术进行金融运作的电商企业、P2P① 模式下的网络借贷平台、众筹② 模式下的网络投资平台、挖财类的手机理财 App 以及第三方支付平台等互联网金融运营模式虽然提高了信息的传输、处理、分析、联通、共享能力，但信息的来源、真实性和可靠性依然依赖于双方的主观信用，所以互联网金融并不是解决信息不对称的根本方法。

与"互联网金融"仅一字之差的"物联网金融"却不同。在物联网的连接下，世界上的主要物件有可能会形成一种物理信息系统，信息的需求者可以随时随地了解所需物品的位置、种类、形状、品质等关键信息，这些信息还可以通过网络有效地进行实时共享。以解决汽车险的恶意骗保问题为例，保险公司可以在投保车辆上安装物联网终端，对驾驶行为进行综合评判，根据驾驶习惯的好坏确定保费水平。出现事故时，物联网终端可以实时告知保险公司肇事车辆的行为，保险员不到现场即可知道目标车辆是真实发生了交通事

---

① P2P 网络借贷：P2P 网络借贷是个人通过第三方平台在收取一定利息的前提下向其他个人提供小额借贷的金融模式。

② 众筹：翻译自国外"crowd funding"一词，即大众筹资，是一种"预消费"模式，用"团购+预购"的形式，向公众募集项目资金。让小企业家、艺术家或个人对公众展示他们的创意，争取大家的关注和支持，进而获得所需要的资金援助。

故还是有人故意为之,从而有效地解决信息不对称问题,实现信息的实时公开。物联网金融在信息方面胜过互联网金融,二者的核心区别在于,互联网金融基于虚拟经济,过分依赖于线上的数据。互联网金融在大数据采集的来源上无法避免人工数据的主观性问题,与实体经济缺少连接,无法做到线上和线下信用信息的交换与更新,导致这些数据无法有效验证,因此采集过程就会出现很多不可控的因素。而物联网金融打通了线上、线下的各类数据,将虚拟经济和实体经济链接,建立起完全客观的信用体系,物联网金融从人、机、物的客观感知数据出发,能够有效避免社交和消费平台上的假数据问题。物联网能充分采集行为轨迹、消费习惯、医疗、场景、供应链等方面的数据,这些数据都是当下金融技术没有覆盖却又是提供金融服务时必须了解评估的数据。物联网金融将虚拟经济和实体经济链接之后,可实现数据的客观性,有效解决信息不对称问题,物联网金融的出现及发展几乎可以实现经济学中"完全信息"的理想状态。基于此,物联网金融将会产生更好的信贷模式、信用评估和风险控制。

二、降低交易成本

金融活动中,交易成本无处不在。仅仅一项家庭房产抵押贷款,从家庭方面看,从了解各个银行信贷业务开始就伴随各种成本;而从银行一方看,与贷款人签订合约之前要调查对方的家庭状况、收入状况,要求借款人出具各种证明文件,贷款之后还要时刻监控贷款人的还款状况,这期间的合约签订、合约执行都需要付出人力物力以及时间成本。

交易成本指达成一笔交易所要花费的成本,也指买卖过程中所花费的全部时间和货币成本,包括传播信息成本、与市场有关的运输成本以及谈判、协商、签约、合约执行的监督等活动所花费的成本。交易成本理论是由诺贝尔经济学奖得主科斯(Coase,1937)提出的。他在《企业的性质》一文中认为:交易成本是"通过价格机制组织生产时……所有发现相对价格的成本","市场上发生的每一笔交易的谈判和签约的费用"及利用价格机制存在的其他方面的成本。根据1975年威廉姆斯的研究,将交易成本区分为以下几项:搜寻成本,即搜集商品信息与交易对象信息付出的成本;信息成本,即取得交易对象信息与和交易对象进行信息交换所需的成本;议价成本,即针对契约、价格、品质讨价还价的成本;决策成本,即进行相关决策与签订契约所需的内部成本;监督成本,即监督交易对象是否依照契约内容进行交易的成本,例如追踪产品、监督、验货等；违约成本，即违约时所需付出的事后成本。

无论对于金融服务的供给方即各种金融机构，还是金融服务的需求方即企业、家庭、个人，金融服务的交易成本都是决策的重要考虑因素。金融交易中的高交易成本产生金融排斥现象，即在一个社会中，一些群体因其收入水平低、技术水平缺乏、事业危机等原因，致使其无法顺利进入其所属社会金融服务体系，或者说进入金融服务体系的成本高昂，不能或较少享受金融机构提供的金融服务。服从市场经济规则的自负盈亏的金融机构自然而然产生所谓"嫌贫爱富"现象，偏爱高收入、经营好、违约概率低、业务风险小的个人和企业。高的交易成本成为金融服务无法普惠、无法全面服务社会大众的重要原因。

国内互联网金融主要业务模式的出现和发展降低了搜寻成本、议价成本和决策成本。P2P网络借贷平台使个人通过网络平台相互借贷，借款人在有资质的网站平台（第三方网贷平台）发布借款标的，投资者进行竞标并向借款人放贷。资金供需双方直接在网上发布并匹配，然后直接联系和交易，不需要经过银行、券商或交易所等中介。这其中第三方平台的存在使得搜集金融商品和交易对象信息付出的成本降低，金融服务供需双方在平台竞标的方式使议价成本降低，大量交易参与者自由交易，不存在讨价还价的成本付出。便利高效的支付系统、公开公平的交易平台可实现金融产品和借贷服务的随时交易，也降低了进行决策和签订协议的决策成本。

物联网金融则能在互联网金融的基础上进一步降低交易成本。从上述交易成本分类中，可发现物联网金融对交易成本降低的显著作用，物联网金融可以极大地降低信息成本、监督成本，并在一定程度上降低其他类型成本。

首先，物联网技术可增强信息的可获得性和客观性，使得在物联网金融模式下，金融业务与服务所需信息成本极大降低。在传统金融和互联网金融模式下，交易对象的源头信息需要人工收集调查核实，然而人的认识的有限性、主观意识的偏颇性以及操作中的疏忽和失误都难免会使所获信息不全面、不客观、不准确。物联网被认为是信息革命的第三次浪潮，其带来的最大变革就是可以根据需要让实物互联，组建实物互联网，实现物理世界的信息化和数字化，进一步，可以实现物理世界的实物网络信息化与金融世界的价值网络信息化的融合。依托于物联网技术带来的物理世界的客观信息，减少人工主观环节，可以极大地提高源头信息的全面性、客观性、准确性，降低金融交易中获取交易对象信息和进行信息交换的成本。

其次，物联网金融使监督的成本降低。金融交易的事后监督需要金融交易双方付出成本。例如，理论上讲，银行发放贷款之后，为防止贷款公司滥用贷款资金，应当了解企业相关经营状况，然而，现实中，事后的了解监督需要的高成本与低效率使得银行很少进行事后监督。又如保险公司对于保险人的道德风险也很难回避。而在物联网金融模式下，信息的实时记录、追踪，信息的公开透明，使得金融活动的监督成本减低。大多金融交易中，交易成本的付出是为了缓解交易双方的信息不对称问题，如前文提到的，信息劣势一方想要更全面地了解交易对方的状况，需要从各种渠道获得信息，尽量保证交易的安全性，在这一过程中，需要付出的成本有时是十分巨大的，可以大到使得交易失败。而物联网金融既然可以有效解决信息不对称问题，自然可以降低由此而生的交易中的监督成本。例如，物联网金融应用模式中相对成熟的"物联网仓储"，经物联网技术升级改造的仓库实时监管仓内货物，并依靠平台对动产权益、数量、重量实时监测，银行只需从平台获取信息，省去了人工的监管操作成本。物联网带来的客观信息极大地提高了双方互信，从而降低了监督成本。

除此之外，实现交易的物理成本也会下降。早在互联网金融兴起之前，传统金融依赖大量人力物力，业务开展依赖分布在各个地点的营业厅、网点，各种业务程序复杂烦琐，都要靠人工处理，顾客则需要排队等待，付出大量的时间和精力。互联网金融的兴起，发展了线上路径，网上银行与支付平台的出现降低了业务成本，在对网点的经营方式形成冲击的同时，切实降低了金融机构网点的人力物力投入。而物联网金融的发展与兴起，进一步将金融机构的物理网点建设推向"智能化"。智能网点的出现将极大地降低金融交易的物理成本以及时间成本。如今各大银行都开始探索物联网技术，开启智能营业厅的建设。例如中国银行已经在多地分行率先完成了传统物理渠道网点的改造与升级，以前顾客进入网点后总要排长队的消极情景已经消失，除大额取现和外币存取等少数现金类业务外，大部分业务客户都可通过智能设备自助完成。同时智能化网点比非智能化网点平均多节约0.6个柜员，银行业务交易的物理成本已逐步降低。

可见物联网金融从根本上降低了信息问题带来的交易成本，能够全面降低金融业交易成本。随着物联网技术的日益渗透和物联网金融的日益发展，金融业的交易成本将进一步降低，而交易成本的降低将带来金融业的效率提高和繁荣发展。

三、主观信用走向客观信用

2016年10月31日,国际物联网金融高峰论坛在江苏无锡举行,无锡物联网产业研究院院长刘海涛发表题为《物联网金融——客观信用体系新金融》的主题演讲。刘海涛说,物联网是人类社会螺旋式发展的再次回归,是信息产业发展的第三次浪潮,是第四次工业革命的核心支撑。物联网金融将开创客观信用体系的金融新模式,开辟大众创业、万众创新发展的新空间。"物联网技术对传统金融产业发展产生深远的影响。金融的核心支撑是信用体系,物联网变革了过去的信用体系,实现了客观信用体系,实现了资金流、信息流、实体流的三流合一,降低了虚拟经济的风险,同时还将破解中小微企业贷款难问题。"

信用一直是金融交易的基础,信用风险也一直是银行风险控制的重点。无论是传统金融业还是互联网下新的金融体系运行,依赖的信用模式一直是主观信用模式。

在传统金融业务运营中,金融机构工作人员对企业的经营状况、资产负债状况,对个人的收入负债状况等信息进行调研和信用评级,从而决定是否给予资金支持,是否批准上市或发放保险额度,做出金融服务决策。这种决策模式依赖于工作人员的经验积累和主观判断,同时调研人员的信息获取来自人工录入收集,来自客户的报表、收入证明等,这些信息都带有主观性,并不能避免信用风险与信息不对称问题。

那么互联网金融的出现有没有对信用模式产生颠覆呢?比尔·盖茨曾在《未来之路》一书中写过他的遗憾:"因特网仅仅实现了计算机的连接,未实现与万物的连接。"在金融领域,互联网确实带来了诸多便利,比如支付手段和方式上就发生了很多变革。但同时,互联网也给金融业带来了一定的"灾难",比如出现了传销和互联网的结合、杠杆率过高、金融工作"脱实向虚"等问题。

其实,互联网金融这一新型的金融形态在以破竹之势迅速发展的同时,其信用体系的缺失也成为制约其持续发展的重大瓶颈。发展之初,互联网信用关系面临三个方面的缺失,一是监管缺失,因为互联网债务人不是以监管形成的信用进入互联网金融世界;二是评级缺失,互联网债务人不是以独立第三方评级形成的信用成为互联网金融主体的;三是信息缺失,互联网债务人不是以全面、真实、专业、规范、及时披露自身偿债风险信息形成的信用在互联网平台上进行融资活动的。目前,互联网金融信用评级是由互联网金融平台向中国中小企业协会信用管理中心提出评级申请,信管中心审核并受理评级申请。由莱茵技术监督服务(广东)有限公司[①]对申请评级的互联网金融平台进行实地考虑、现场取证,对50余项指标进行查证并给出评估报告,再结合评估报告与其他信用信息进行最终信用评级。可以看出,评级核心虽然是由权威可信的评级公司做出评估报告,但依旧是主观评级体系。

物联网金融的发展为金融业建立起客观信用体系。物联网所有的信息都是实体世界的镜像,这个差别将导致互联网和物联网时代的商业模式、架构体系、思维方式存在根本不同。

物联网技术的感应端是借助各种传感设备获取客观信息,通过互联网实时共享建立客观信用体系,从而使信用风险得到有效控制。进入物联网时代,随着数据的维度变广,大数据自动感知、识别、传输,数据的质量随之提高。从人、物、网的客观三维感知数据出发,有助于实现完全客观的信用体系。物联网技术应用到金融领域,可以帮助银行对抵押物实行全面监控,及时了解供应链上下游企业的经营状况;可帮助保险公司掌握驾驶员行为习惯,实现精准定价;帮助租赁公司实时监控车辆的状况,实现动态监管;等等。

例如,具体到银行的贷款业务上,在贷前调查与审批阶段,银行与债务人都不必和原来一样把时间与精力耗费在准备繁复的材料上,银行完全可以通过物联网智能终端开展有效的贷前调查,直观地观察到客户健康状况、实际生活、财务状况、经济行为和经营活动的大数据,全面分析个人或者企业客户的资产负债表,从而及时调整其信贷和支付额度并自动提供综合金融服务方案,让银行的信贷与客户信息之间形成良性动态发展;在贷后监管方面,物联网可以帮助银行实时掌控贷款企业的经营状况,如采购渠道、原料库存、生产过程、成品积压、销售与支付结算等情况,有助于及时发现问题和采取措施。因此,银行对于客户前端信息的主观调查被传感器实时采集的客观数据所代替,银行的信用体系也逐步将从滞后的主观信用进化为实时的全面客观信用,风控效率将得到大幅提升。

物联网金融的发展使得金融业从主观信用模式开始走向客观信用模式,极大地降低了信用风险,对金融业风险控制以及动产质押和浮动质押等业务

---

① 莱茵技术监督服务(广东)有限公司;TUV Rheinland Group(德国莱茵TÜV集团)是一所国际性的认证机构,是国际上领先的技术服务供应商,总部位于德国科隆,成立于1872年,在产品检验和认证领域,德国莱茵TÜV集团拥有140年的经验。

的发展带来广阔前景。物联网为金融提供了构建客观信用体系、防范金融风险的抓手,这将为构建和完善中国的金融信用体系奠定基础。

目前中国是金融大国,但不是金融强国,很重要的原因是信用体系,发达国家拥有非常完备的主观信用体系,而中国的信用体系欠完备。但随着物联网技术的推进,中国有可能在物联网金融推动信用体系建设方面取得主导地位,实现从金融大国到金融强国的转变。

四、推动金融创新

金融创新往往来源于经济环境的变化和科学技术的进步。信息技术和通信工具的迅速发展给金融创新提供了外部条件,金融企业在追逐利润最大化的驱动下,利用新型技术,顺应市场需求进行金融创新,同时金融管制的放松将会为金融创新提供良好的政策环境。而物联网金融的出现和兴起将为金融创新创造市场需求,带来技术动力和政策激励。

物联网金融为金融创新创造市场需求。物联网技术的兴起使得大量生产企业需要进行产业升级,无论是仓储、物流企业的物联网基础设备的安装应用,还是专注于应用软件、平台建设、数据分析的企业的物联网升级,抑或是芯片制造、传感器制造的生产企业,都会产生大量的金融需求。同时在金融与物联网日益结合的产业链中,日益发展的如供应链金融、动产融资等物联网金融形式中,各环节都会产生金融服务的需求。物联网金融的发展所带来的市场需求成为金融创新的客观动力。

物联网金融为金融创新带来技术动力。物联网技术是通过射频识别(RFID)、红外感应器、全球定位系统、激光扫描器等信息传感设备,按约定的协议,将任何物品与互联网相连接,进行信息交换和通信,以实现智能化识别、定位、追踪、监控和管理。该技术可用于金融机构和企业本身进行技术升级,建设智能化金融机构、智能化运作系统,从而提供智能化创新服务。此外,物联网技术渗透于金融服务所带来的客观信息优势以及成本降低也可以进一步推动金融创新,创造出新的金融服务形式。

物联网金融为金融创新带来政策激励。物联网金融的发展可解决信息不对称问题,降低交易成本,将极大地提高金融业的服务效率,从而获得政府的政策支持。早在2014年6月,国家工信部网站就正式发布了《工业和信息化部2014年物联网工作要点》,从突破核心关键技术、推进应用示范和培育龙头骨干企业等多方面进行任务细分,并提出支持政策。而物联网与金融业的结合发展也深受国家支持和重视,利好政策给物联网金融发展及金融创新带来政策激励。

物联网金融面向所有物联网的金融服务与创新,涉及各类物联网应用,它使金融服务由单纯面向"人"而延伸到整个社会物理世界,实现商业网络、服务网络和金融网络融合及金融服务自动化、智能化,可以创造出很多商业模式,推动金融业产生重大变革。物联网金融服务创新无处不在,理论上可以使整个物理世界实现网络化、数字化与信息化,而现代金融业的发展趋势也是网络化与数字化,二者可实现完全融合、双向管理。利用物联网信息优势开展金融服务,将金融服务延伸到所有物联网,覆盖所有物联网,将给物联网金融服务与创新打开极具想象的空间。如在物流领域已经开展的仓储物联网金融、供应链融资和货运物联网金融等。

仓储物联网金融。仓储物联网金融是在仓储金融基础上发展起来的金融服务,是借助物联网技术对仓单质押、融通仓、物资银行等服务的进一步提升。仓储金融的诸多业务在物流领域是比较成熟的业务模式,但由于监管手段落后,具有较大风险。借助物联网技术,可以对仓储金融的监管服务实现网络化、可视化、智能化。一方面,仓库联网监控,使独立的仓储金融业务发展到仓储物联网的金融业务;另一方面,也可借助物联网完善的监控技术使金融服务风险得到有效控制。

供应链融资。物联网技术可以使供应链实现透明化,可以对供应链上所有货物及其商贸流通过程的产品质量与数量信息及产品的交换、组合、包装和加工信息实现实时的全程监控、跟踪、定位和双向追溯。借助物联网技术和金融信息化技术开展供应链融资与信贷业务,可以全面提升金融业务监管水平,确保供应链融资安全,可以开拓供应链融资业务新局面。

货运物联网金融。货运物联网金融是在货运车联网技术的基础上进行的创新金融服务,是可以借助于一种双向管理(金融管理与物联网管理)手段、复合金融卡技术(射频识别卡与银行卡合一)、面向货运车辆,实现一车一卡,集成卡车运营中的一切商务活动进行的金融服务创新。如集成加油服务,可实现庞大客户群的加油团购,使得持卡加油大幅优惠,随着发卡量的增多,客户群会越来越大;又如集成卡车保险服务,可实现庞大客户群的保险团购,使得客户群远远大于车队规模,可获得大幅保险优惠,让保险公司与车主同时获利;等等。货运物联网金融可集成与整合的金融服务众多,创新空间巨大。

物联网发展迅速,物联网与金融服务的结合无处不在,物联网金融服务创新也无处不在,我们尽可以展开想象的翅膀,将金融服务融入无数的物联网领域,开拓崭新的金融服务新业态。

第二节　物联网金融使商业银行迎来发展新机遇

银行作为我国金融体系中重要的金融机构,在互联网金融迅速崛起过程中,不同程度地受到冲击,而物联网金融模式的出现使银行业看到振兴的新方式。物联网金融对银行发展供应链金融,破解动产融资困境,助力中小企业融资,发展普惠金融,加强实体经济支持有重大乃至颠覆性影响。近年来,银行业纷纷大力发展物联网金融,创新合作形式层出不穷。2013年,平安银行以汽车物联网金融为突破口开启了物联网金融实践的新纪元,随后将应用场景拓展至钢铁、有色金属等大宗商品。2017年8月,感知科技集团联合平安银行,研发推出"物联网动产监管技术与服务系统",该类应用案例层出不穷。截至2017年,全国各大银行陆续开启物联网金融服务。本节将重点分析物联网金融给银行业发展带来的机遇。

一、增强了银行业服务实体经济的能力和主动性

金融业的快速发展,无疑为40年来中国经济高速增长提供了强力支撑。但金融业的过快发展也带来了一些负面影响:一是社会资产的金融化,助长了房地产等资产泡沫;二是金融资产的急剧扩张,跨机构、跨市场的嵌套投资,放大了杠杆倍数,增加了金融风险的传导性、隐蔽性和复杂性;三是过度金融化带来的短期投资收益率上升,使实体经济的投资收益率相形见绌,吸引社会资金"脱实向虚",使金融支持实体经济增长的初始功能退化。具体到商业银行对实体经济的支持,一边是央行降准向银行释放货币,一边是企业抱怨贷款难,两端之间的资金管道不畅反映出金融服务实体经济的效率仍有待提高。

哪些因素可以引导银行业资金流向实体经济?银行贷款流向实体企业的阻碍又是什么?分析如下:

其一,传统风控拧紧阀门。由于我国银行信贷产品长期以来形成了以抵质押为主的"强担保"风险评估模式,即使技术领先、产品好、销路畅的企业,

也可能因为资产结构以轻资产为主而难以符合贷款申请条件。对于刚刚起步或在爬坡上坎的中小企业来讲,有形资产还在慢速积累,很难通过抵质押手段从银行获得支撑企业快速发展的资金。

其二,中间揩油垫高出口。不少企业第一次办理银行贷款时会发现,从签完合同到真正拿到款项,要付出的费用远高于当时与信贷经理谈好的利率。据了解,用资产抵押进行贷款,银行对资产价值进行评估将产生评估费。为确保抵押存货、机器设备、房产等资产的安全性,还需支付保险费、保管费、登记费等,这些都将由企业承担。如果是担保贷款,还将产生担保费。这还不包括银行贷款搭配的中间业务产生的费用。实际上,近几年银行贷款的合同利率明显下降,但中介费用下降并不明显。这大大推高了企业获取贷款的成本,增加了企业贷款的难度,让企业感觉贷不起款。

其三,资金沉淀减缓流速。近年来,银行业不良贷款余额和比率持续"双升"已成常态,截至2017年,我国商业银行不良贷款余额达1.58万亿元。在贷与不贷的问题上,银行也产生了纠结。有一些企业不是银行不给它贷款,而是它已经不再具备新增贷款的条件。流动性相对宽松是一个总体感觉,资金有的沉淀到设备厂房中,有的绕在三角债①中,不少被一些传统行业的过剩产能冻住,流动性低,周转率低。同时,沉积资金不仅堵塞管道减缓流速,而且改变了银行的风险偏好,促使其对不良率较高的地区、行业和客户采取收回或压缩措施。这使得不少企业遭遇抽贷,造成资金链更加紧绷。

物联网新技术发展及其应用,为银行业资源进入实体经济提供了新的方法论。物联网和金融结合实现了实体流、信息流和资金流的深度合一,使得银行业资金流向实体经济时的风险更加可控,推动银行业脱虚向实。首先,物联网金融模式在商业银行的广泛运用,可大力拓展动产质押业务,撬动动产金融、供应链金融的发展,从而降低抵押类信贷业务的比重,为中小微企业的无抵押贷款提供新的信贷"闸口",从而使得传统风控的阀门放松,银行资金流向实体企业,尤其是刚刚起步的中小企业。其次,物联网技术在实体产业中的应用,客观上增加了企业信用等级,在物联网企业与银行的合作中,物联网技术升级的企业,在融资贷款业务中需要付出的各项费用成本也将降低,物联网金融建立起来的客观信用体系,使得金融服务交易中交易成本降低。再次,利用物联网、IT、人工智能等融合技术可以降低制造业的劳动成

---

① 三角债:三角债是人们对企业之间超过托收承付期或约定付款期应当付而未付的拖欠货款的俗称,是企业之间拖欠货款所形成的连锁债务关系。

本,提高劳动生产率,使得企业资金流转加快,减少资金沉淀,同时增强银行放贷信心,让更多的要素与实体经济接轨。

除此之外,从更加直接的方面看,物联网技术的广泛应用使得各产业开始物联网化的产业升级,无论是生产、流通还是交易领域都将拥抱物联网技术,从硬件设备和商业模式上进行产业升级,这一过程将产生巨大的全方位的金融需求。商业银行正应该抓住这一机遇,适应市场需求,建立高效的服务模式,为产业升级环节提供全方位、定制化的物联网金融服务。随着产业升级的加速进行,银行物联网金融服务将渗透一二三产业,银行业将改变上下游的融资结构和商业模式,开启全方位的覆盖式金融服务。产业升级带来的金融服务需求将引领银行业加强对实体经济的支持,同时迎来新的发展机遇。

二、破解了动产抵质押难题

何谓"动产融资"?顾名思义,这是指企业以自有或第三人合法拥有的动产或货权为抵质押,或银行对企业动产或货权进行监管的授信业务。其实质就是以企业与上下游真实贸易行为中的动产为质押,从银行获得贷款。目前,国内银行大部分贷款品种需以土地、房屋、林木等不动产作抵押或担保,原因在于贷款人无法转移财产实物,且不动产的增值属性能保证其还贷能力。但据调查,中小企业资产价值70%以上是应收账款和存货等动产,对于有融资需求的企业来说,不动产的缺乏使之甚难获得银行信贷支持。

相比之下,动产融资业务在一些经济发达国家已相当成熟,如银行业高度发达的美国,95%的中小企业贷款均需担保,其中90%以上的担保品是动产。而相关调研发现,国内中小企业通常也具备应收账款、设备、存货、专利、知识产权、股权等可用于质押的权利和实物,因此,完全可以"物尽其用"。这方面,在业界早不乏呼吁之声。

目前,我国的动产规模在50万亿至70万亿之间,而用于融资的规模却只有十分之一左右,存在很大市场潜力。但长久以来银行动产融资业务发展却困难重重。

我国动产融资业务困境的产生主要有以下原因:其一,传统的动产融资业务中,银行通常委托监管方对抵质押动产进行监督管理,而这期间的监管效果主要依赖监管方的执行力与履职状况,银行处于被动的状态,同时动产融资业务缺乏系统支撑,信息录入与传递依靠人工,流程繁琐,效率不高。这种情况下，一旦监管方出现管理不善或道德风险，就很难保证抵质押物的数量、质量，从而带来很大的风险隐患。其二，在传统动产融资业务中，很难做到对抵质押物状态所有权的实时监控，动产较不动产有易变化、状态不稳定的特点，面对哄抢货物、重复质押等恶意行为，银行无法及时察觉并有所作为。其三，现行法律规定，出现客户无法履行还款职责时，银行不能自行处理抵质押物，必须通过双方协定或法律程序才可以行权。这为银行带来诉讼成本和时间成本。以上种种原因使得银行动产融资陷入困境。

近几年来，中国经济发展步入新常态，无论是经济增长速度、经济增长方式还是增长驱动要素都发生了明显变化。受宏观经济增速放缓、大宗商品价格疲软等因素影响，钢铁、煤炭等大宗商品行业纷纷进入调整期，行业上行期掩盖的问题逐步显现，借款人诚信缺失和道德风险事件频发。以上海钢贸[①]和青岛港骗贷案[②]为代表的风险事件对动产融资领域产生了深刻影响，在一定程度上减少了银行开展动产融资业务的积极性。各银行出于风险控制的考虑，不断压缩动产融资业务，甚至连正常经营的企业也难以获得动产融资。这种变化和趋势对广大中小企业，乃至整个社会的经济发展造成了消极影响。为了破解动产融资难题，中国银行业一直在积极探索有效的解决方案。

物联网金融为破解动产融资困境提供手段。物联网技术在产品的生产、流通、仓储、交易过程中，可产生大量有效的客观信息，能有效解决金融业务面临的主要问题。物联网感应端的信息获取使得银行不必依赖物流监管方对抵质押品进行监管，同时在业务期间，银行可以通过自身监管或者与物联网技术公司合作，获取实时的第三方数据，对抵质押物的位置、状态、权益、归属做到实时监管。基于物联网新技术的应用可以对企业的"动态行为"（如应收账款、库存、销售等数据）进行监测和"数据"捕捉，从而将轻资产企业的"动产"转为"不动产"，以此为银行的授信提供依据。

在物联网技术支持下，当前各银行开始扩展动产融资业务，对我国发展动产融资带来光明的前景。平安银行在大宗商品融资上的物联网技术应用走在前列。2016年，平安银行联手几家大型仓储物流公司在全国范围内对部分钢铁基地进行物联网化升级，以期实现基地运行的智能化。改造后，在货

---

① 2016年8月，建设银行、光大银行、民生银行等多家银行将上海银元实业集团有限公司、上海天展钢铁有限公司、上海舜泽钢铁有限公司等多家钢贸企业告上法庭。钢贸行业开具虚假仓单、重复质押获取银行贷款的业内潜规则浮出水面。

② 青岛德正资源控股有限公司的全资子公司德诚矿业将一批矿石货品存于一家仓库，却通过不同仓储公司出具了仓单证明，并利用这些仓单去不同银行重复质押融得巨资。

物卸载时,重力传感器会时刻采集入库货物的重量,定位设备实时检测货物的位置,此过程中产生的信息会传递到后台仓单管理系统,系统自动对比前后设备采集的货物的重量数据,从而判断货物卸载是否结束;卸载结束后,3D扫描设备会对入库的货物进行3D的轮廓扫描,并将信息传输到后台仓单管理平台。仓单管理平台根据货物的库位、重量、位置及货物信息生成仓单并锁定。当对货物有未授权的操作时,会触发预警系统,并将预警信息传送到前端移动App,从而使库管人员或银行人员可以及时做出判断与行动。

物联网仓储仓单体系,一定程度显示出物联网破解动产融资的前景和途径。物联网金融给"动产"赋予"不动产"的属性:经物联网技术改造后的智能仓库可以对抵质押物进行实时监管,通过智能化和标准化的操作,改善对抵质押物的管理与控制,从而规避监管方的道德和操作风险,提升预警时效和应对突发事件的响应能力。

银行利用物联网技术发展动产融资要重视与物联网技术公司的合作,同时要注重各种金融科技的综合应用。2017年2月,江苏银行正式推出国内首个全流程线上化物联网动产质押业务,首笔线上化融资成功落地。该业务包括随借随还、线上质押、实时解质押、风险预警等功能。以前,动产抵押依靠的是人为出具的仓单,对仓库内的动产是"池化"监控,容易给虚假仓单以可乘之机。现在银行采用物联网技术,仓库的探头对抵押物的材质、进出等进行每单监控,从"池化"变成"逐单",抵押物的任何变动都在银行后台系统显现。企业以往需在仓库和银行间返往多次,至少 1~3 个工作日才能完成贷款手续,而今后,在银行物联网金融的助力下,这些企业可在线上"一站式"完成借款、提款、还款、质押、解押等全部流程,实现 7×24 小时随借随还,全流程最快仅需 2 分钟,大大方便了企业融资。

可见,物联网技术的应用为动产融资翻开了新的一页,随着物联网技术的普及和发展,动产融资方式在客观信用体系的支持下,将获得大发展,这不仅为银行业复苏带来利好,更重要的是将为我国大中小企业创造更好的融资环境。

三、推动了供应链金融的发展

供应链金融,简单说就是银行将核心企业和上下游企业联系在一起提供灵活运用的金融产品和服务的一种融资模式。即把资金作为供应链的一个溶剂,增加其流动性。一般来说,一个特定商品的供应链从原材料采购,到制成中间及最终产品,最后由销售网络把产品送到消费者手中,将供应商、制造商、分销商、零售商直到最终用户连成一个整体。在这个供应链中,竞争力较强、规模较大的核心企业因其强势地位,往往在交货、价格、账期等贸易条件方面对上下游配套企业要求苛刻,从而给这些企业造成了巨大的压力。而上下游配套企业恰恰大多是中小企业,难以从银行融资,结果最后造成资金链十分紧张,整个供应链出现失衡。

供应链金融发展模式并非近年来的新生事物,而是随着实体产业链的发展,为适应供应链金融需求应运而生的。供应链金融和传统金融的区别主要体现在对风险的控制、授信的灵活度等方面,传统金融孤立地关注企业和业务本身,银行给予资信高的核心大企业融资上以优惠,而对处于产业前端和后端的供应商和经销商却有严格的融资限制。供应链金融是商业银行根据产业特点,围绕供应链上核心企业,基于交易过程向核心企业和其上下游相关企业提供的综合金融服务。除了给予核心企业金融支持,依托核心企业与上下游中小企业的供销交易外,核心企业依靠自身优势地位和良好信用,通过担保、回购和承诺等方式增强供应链上中小企业信用,帮助上下游中小企业进行融资,维持供应链的稳定,达成双方互惠的战略合作。实行以核心企业为基准创建"1+N"①或"M+1+N"②的金融服务模式,关注交易过程,整合物流、信息流和资金流,根据产业特点,跨行业地提供金融服务。

在供应链金融业务中,由于商业银行对整条供应链的上下游企业同时提供金融服务,而上游企业的产品很多是中间产品,具有很强的专用性,因此上游企业的还款能力很大程度上要依赖下游企业应付账款的支付能力,从而使整个供应链上企业的贷款风险具有高度的相关性。且供应链融资涉及链条环节长、参与主体众多、操作程序复杂、成员关系动态变化等问题,各个环节之间环环相扣、彼此依赖,任何一个环节出现问题,都可能影响到其他环节,影响整个供应链的正常运行。也就是说,商业银行所承担的风险中还包含着一部分行业风险,所以,供应链金融业务有着比传统融资业务更大的风险。因此商业银行在贷款发放和贷后跟踪过程中,不仅要关注单个企业的经营状况,还需要对整个供应链的整体风险进行监控,认清各个交易环节的潜在风

---

① 银行根据核心企业"1"的信用支撑,以完成对一众中小微型企业"N"的融资授信支持。
② 依托电商云服务平台,获取中小企业的订单、运单、收单以及融资、仓储等经营性行为信息,同时引入物流、第三方信息等企业,搭建服务平台为企业提供配套服务。它是以企业的交易过程为核心,围绕众多产业核心企业和各家上下游中小企业自身交易的供应链金融模式。

险和供应链所处行业的整体水平,并通过调整企业授信额度等方法控制自身风险。显然风险控制是供应链融资成功实施的关键。

供应链金融业务的风险包括政策风险、市场风险、信用风险、企业文化差异风险和信息传递风险等。物联网金融模式会对上述供应链金融业务的原有风险产生重要影响。

(1) 对政策风险和市场风险的影响。在传统的供应链金融业务中,受限于管理成本,通常是对核心企业的经营状况进行跟踪评价,通过核心企业的经营状况来反映市场风险和政策风险的影响,并采取相关措施进行风险管理。这样的管理方式往往耗时较长,而且容易受到企业欺骗、造假等道德风险的影响,所以往往等到发现风险时,已经对贷款形成了损失。而在供应链金融业务中引入物联网技术之后,因为可以对供应链上的多个企业进行动态跟踪,在国家政策发生调整或市场受到冲击时,商业银行可以利用物联网信息系统在第一时间获知上游企业的原料成本是否增加、下游企业的库存商品是否积压等信息,并与核心企业共同判断政策变化或市场冲击所造成影响的强弱程度,从而制订出合理的应对方案,及时对供应链上相关企业的生产经营进行调整,降低整条供应链所受到的负面影响,进而降低商业银行的贷款风险。

(2) 对信用风险的影响。在传统的金融对公业务中,信用风险主要是通过对企业的经营规模、财务报表、抵押品等信息的核查,同时结合评级机构对企业给出的信用评级来评价企业的信用风险。而在供应链金融业务中,商业银行往往会对上述评价方式进行简化,弱化对企业自身信用能力的评判,只针对单笔业务进行考核和授信,规避了中小企业在财报披露方面的融资障碍,重点考察相关企业对交易流程的控制能力、企业过去的交易记录、企业的生产能力和商品的市场价格稳定性等因素,在根本上改变了风险管理的方式。但是,供应链上的订单和物流往往是动态的,商业银行不可能对每一笔供应链融资都进行考核,因此一般是针对性地设计一款融资产品并与供应链上企业签订协议,根据协议发放贷款,并定期对企业的信用水平进行复核。在这种模式下,商业银行往往无法对协议签订后的企业经营状态突发改变进行及时监控,所以仍然存在风险隐患。将物联网技术引入供应链金融业务后,商业银行就可以对相关企业实现动态跟踪,可以在第一时间掌握企业的剩余生产能力、产品的物流状态、货物交割情况等信息,从而可以更为准确地计算企业的授信额度,并在某一企业发生信用违约或者可能发生信用违约时及时与供应链上的其他企业进行协调,并采取适当的处理方法避免信用风险的扩散。

(3) 对企业文化差异风险的影响。一个完整的供应链包括许多企业,这些企业规模有大有小,来自不同的地区甚至不同的国家,所以在企业管理制度、经营方式、员工素质和价值理念等方面难免存在差异。这些差异会体现在不同企业的业务流程和员工的行为方式上,会在企业的业务交往中产生摩擦,严重的甚至会导致整个供应链的混乱。在传统的供应链金融业务中,商业银行并没有太多针对企业文化差异风险的防范措施。这是因为供应链中核心企业具有相对竞争优势,其他企业只能选择去适应核心企业的经营风格和企业文化,即便出现业务上的不协调,其他中小企业一般也无法与核心企业产生冲突,因此企业文化差异风险的大小与核心企业的竞争优势成反比。将物联网技术引入供应链金融业务后,虽然不能从根本上解决企业文化差异带来的风险,但是通过物联网信息系统的建立,可以有效地构建供应链上企业间的长期稳定合作关系,在建立物联网信息系统的同时就业务流程上的不同看法进行协调,拟定长期稳定的合作标准,从而减少由于企业文化不同引起文化差异风险的可能性。

(4) 对信息传递风险的影响。供应链上的每家企业都是独立经营的个体。随着供应链规模的日益扩大,供应链的结构也越来越复杂,上下游企业间的沟通难以做到及时有效,所以供应链当中的一手信息在传递的过程中难免会出现错误、延迟、遗漏等问题。商业银行作为二手信息的使用者,更难以对错误的信息进行甄别,由此引发的商业银行的判断错误和决策失误的风险,称为信息传递风险。在传统的供应链金融业务中,商业银行无法对供应链上企业间的一手信息传递进行监控和核查,只能对自身业务涉及的二手信息进行复核确认,所以很难避免信息传递风险。当在供应链金融业务中引入物联网技术时,供应链上的企业可以通过统一的信息系统进行信息交流,不仅可以避免企业间信息传递的疏漏,还可以提高信息交互的效率,商业银行也可以利用统一的物联网信息系统对与供应链金融业务相关的信息进行复核,提高业务效率,降低信息传递风险。

在市场竞争越来越激烈的今天,供应链金融作为一种新的金融服务模式,在商业银行面向中小企业的金融服务中发挥着越来越大的作用。但是,我国商业银行传统的供应链金融业务服务模式,由于受传统经营观念与服务模式的影响以及信息不对称的约束,在信息技术高速发展的背景下其经营效率和抗风险能力都有待提高。对此,商业银行将物联网技术引入供应链金融业务中,可以解决信息不对称带来的约束和风险,而且在业务成本与风险方面都会给供应链金融业务带来积极影响。在业务成本方面,物联网技术的引入会改变商业银行信息获取成本的构成,相对增加员工培训、人才引入等人力资源成本;在业务风险方面,物联网技术的引入对传统供应链金融业务中的常见风险均有不同程度的抑制作用,但是也会衍生出新的与物联网技术相关的外部风险,应注意防范。

四、助力中小微企业融资

中小微企业在我国国民经济中占据重要地位,一直是推动经济和社会发展的重要力量,但中小微企业由于规模小、可抵押固定资产少、管理能力弱等原因,产生了融资难的问题。物联网金融能破解动产融资困境,为中小微企业融资开辟渠道,除此之外,银行业与物联网科技公司的合作将进一步发展供应链金融,可进一步助力中小微企业融资。

近年来,商业银行为中小微企业提供信贷等金融服务做出的努力包括:一是直接为其提供信用贷款支持。如前所述,银行发放信用贷款需对贷款对象的"软"信息进行尽职调查,而调查"软"信息的成本非常高,致使银行无积极性为其发放信用贷款。二是通过信贷创新,如创新担保方式,为上述群体提供信贷等金融服务。近年来,我国一些银行尤其是中小商业银行及新型农村金融机构在信贷担保创新上做出了很多努力,也收获了许多成果。如民生银行的"商圈贷",招商银行的"助力贷""贷融易"等产品,其贷款对象是一些典型的中小微企业、个体工商户,主要是为其解决流动性资金需求,其担保方式就是联保,要求贷款对象自己配对组合,联保成员之间互相担保,向银行申请贷款,而无须提供抵质押物。这种担保方式的创新在一定程度上解决了抵质押物不足的问题,但一旦其中一个或几个贷款对象不能如期偿还,其他贷款对象也将被牵扯其中,导致资金链断裂,从而增加银行风控交易成本。三是响应监管部门号召,直接成立"小微客户"信贷服务中心,将额度小的贷款直接从银行传统贷款中剥离出来,独立运营,提高不良贷款容忍率,服务上述特殊群体。但经过一些商业银行的长期实践证明,独立运营中心运营成本相当高。

物联网金融的广泛应用将是中小微企业融资难题的正确解法,物联网金融的快速发展将会给中小微企业融资打开一扇窗。

首先，物联网与金融之间具有天然的耦合性。其一表现在物联网产业与金融产业都是对信息技术的高度集成和综合运用；其二表现在物联网与金融分别以客观、主观方式诠释着共同的信用属性；其三表现在物联网是金融的驱动势能，金融是物联网的应用载体。物联网与金融这种天然的耦合性将是推动物联网金融发展的战略制高点。

其次，物联网金融提高了中小微企业的抵押能力。物联网金融能够帮助中小微企业在自身经营中衍生出有效的抵押能力，这种抵押能力相对于担保体系而言，既具有与中小微企业经营能力相匹配的数量优势，又有风险可测、可控的质量优势。在物联网环境下，质物有其唯一的身份条形码，在中小微企业需要贷款时，将这些具有唯一身份条形码的原材料、半成品、产品作为质物提供给银行进行担保，从而获取贷款；而银行亦可以随时根据条形码追踪质物实时状态。

再次，物联网金融赋予动产以不动产的属性。运用先进的 RFID（无线射频识别）技术和物联网金融管理系统，采集货物的入库、移库、盘点、出库等动态实时数据，并上传至云端服务器，可以实现对货物的识别、定位、监管等系统化、智能化管理，使客户和银行等各方能够实时监控货物的状态和变化，有效解决动产质押融资中的信息不对称问题，从技术角度降低动产质押的风险。

最后，物联网金融可增强中小微企业信息透明度。物联网金融可以通过其传感器、RFID 等关键技术实现对实体经济的智能控制，很大程度上解决了传统金融对中小微企业信用支持不足的问题，弥合了互联网金融对实体缺乏有效控制的短板。通过物联网实时监控企业的生产过程，可以了解企业的生产经营，可以减少银行发放贷款时的盲目性，保证银行资金的安全，有效缓解授信风险。

在物联网、大数据、云计算、人工智能融合发展的大背景下，运用物联网金融来解决中小微企业贷款难问题要重点做好以下六方面工作。

第一，植入物联网创新思维，开创动产金融商业模式。将传统商业银行打造成物联网银行时必须从物联网思维出发，把物联网思维贯穿到商业银行的模式、业务、风控、管理中，由抵押思维向质押思维发散。借助物联网技术方案对中小微企业存货等动产进行智能化识别、定位、跟踪、监控和管理，赋予动产以不动产的属性，进而推动供应链金融、动产金融的发展，最大程度解决中小微企业等长尾用户融资难、融资贵的问题。

第二，建立行业标准，打造物联网银行。物联网银行标准建立是一项创新性工程，需要充分结合国际、国内物联网技术前沿和我国银行业发展规范全面统筹规划，建立起物联网银行标准化工作体系。物联网银行标准体系建立需要秉持导向性、操作性、集约性原则，真正让传统银行通过物联网银行改造能够实现自身在物联网金融领域的深耕细作，将普惠金融发挥到极致。

第三，物联场景改造，增强虚实黏性。对生产场景、生活场景的物联网改造是打造物联网银行的基本前提。一方面，传统商业银行在打造物联网金融过程中主动在诸多领域与生产企业、交易平台、仓储物流企业开展合作，对中小微企业进行物联网改造，通过物流信息化传递，直接将银行产品和服务切入客户生产、流通、消费的全过程中，构建物联网金融生态圈；另一方面，传统产业在智能化转型升级过程中顺应行业发展需要，积极进行自身物联网化、智能化更新换代，主动降低物联网银行对自身的信息不对称程度，从而获取物联网银行的信贷支持。

第四，加载物联信息，实现精准风控。在风控信息获取方面，物联网银行将主要通过物联网思维和技术实时掌控客户的采购渠道、原料库存、生产过程、成品积压、销售情况等真实信息，全面客观了解和掌握客户的真实情况。在风控信息质量方面，物联网银行由于其"物信合一"的特殊优势，对客户真实、客观、有效的生产、生活场景的物联网数据、互联网数据、交易数据等进行交叉验证并形成立体式洞察，对客户的"噪音信息"进行有效剔除，提高信息质量和可信度。在风控决策方面，物联网银行通过收集到的客户海量真实场景的数据信息建立起客户的真实画像，构建物联网风控模型，精准评估企业偿债能力和偿债意愿，精确计量违约概率和违约损失率，将传统滞后、片面的"主观风控"重塑为实时、全面的"客观风控"，有效提升物联网银行的风控水平。

第五，优化业务流程，提升服务能力。在信贷业务方面，物联网银行的主要业务优势在于动产融资，通过物联网技术，对动产进行实时监控，由被动监管变为主动管理，大大降低银行运营管理成本和道德风险。在中间业务方面，随着物联网在生产、生活场景中的广泛运用，物联网银行与客户之间的关系日渐紧密，可主动提供覆盖所有环节的全方位、定制化的物联网金融中间服务，开展附加值高的创新型业务服务。在精准获客方面，通过物联网技术和设备对个人家庭、生产车间进行物联网化改造，凭借在信息获取和数据挖掘等方面的天然优势，实现对客户的智能挖掘、精准获客、主动营销。

第六，改造银行网点，提升智能水准。通过物联网感知系统，对进入银行网点视线范围内的金融消费者进行感知，利用大数据分析对其进行资产盘点、风险评估、偏好判断，借助人工智能机器设备为金融消费者及时提供合适的金融产品和服务，打破传统银行大堂经理、理财经理、柜面人员对客户的"询问式""问卷式""填表式"服务体验，切实让金融消费者进行银行网点的智能金融服务体验。

尽管目前物联网的很多功能还未实现在生产场景、生活场景中的普及和推广，但物联网金融并不遥远。作为金融科技的技术集成代表，物联网思维和技术能够实现物与物、人与物之间的信息交互和无缝对接，重构目前的金融信用环境，实实在在地解决中小微企业的融资需求，打开中小微企业金融业务的突破口，为中小微企业的健康成长提供良好的融资环境。

第三节 物联网金融对保险业的影响

近年来，我国保险业快速发展，规模不断扩大，结构不断优化，效益显著提高，但在保险业快速发展过程中，管理粗放、服务体验差、保费定价精准度不高等症结也逐步凸显。2014年保险业"新国十条"颁布后，保险业的定位从自身发展上升到国家治理的高度，无论保险业从助力国家治理还是从自身发展的角度来看，走精细化管理、创新经营、转型发展的新路对于保险业来说都势在必行，意义重大。保险作为风险管理和补偿的一种金融机制，物联网技术的应用不仅将有助于其真实、全面地获取投保标的物及环境、投保人行为的数据，大大提升风险精算定价水平，而且将对保险模式带来变革，推动保险由传统单一的损失赔付向个性化服务和全过程管理转变，变赔付为"防患于未然"。

一、车联网在保险业的发展应用

我国拥有庞大的汽车保有和驾驶人员数量，车辆保险也是我国财产保险中的大头。截至2017年年底，中国机动车保有量达3.10亿辆，其中汽车就达2.17亿辆。机动车驾驶人员达3.85亿人，其中汽车驾驶人员3.42亿人。车辆保险保费收入占财产险保费收入的比重约为71.35%。我国目前车辆保险的定价模式以保额定价为主，并向保额和车型结合定价发展。随着商业车险费率改革在全国推开,高度市场化的车险费率形成机制将成为常态,保险公司拥有高度自主的定价权,消费者有自主的产品选择权,以车联网为基础的 UBI[①](User Behavior Insurance)产品将兴起,并将逐步成为车险市场主流,进而带来车险模式变革,并有望引发车险市场变局。

车联网(IOV:Internet of Vehicle)是指通过车与车、车与路、车与人、车与传感设备等的交互,实现车辆与公众网络通信的动态移动通信系统。它可以通过车与车、车与人、车与路互联互通实现信息共享,收集车辆、道路和环境的信息,并在信息网络平台上对多源采集的信息进行加工、计算、共享和安全发布,根据不同的功能需求对车辆进行有效的引导与监管,以及提供专业的多媒体与移动互联网应用服务。车联网是近年来物联网技术应用中的一个分支,是物联网分支中发展最快、成熟度最高的领域之一,其中不仅依靠物联网的感知层形成车辆、道路、环境和人的覆盖网络,还运用大数据、云计算等科技实现信息的实时筛选、共享并实现实时通信。

IOV 系统是一个"端管云"三层体系。

第一层为端系统:端系统是汽车的智能传感器,负责采集与获取车辆的智能信息,感知行车状态与环境;是具有车内通信、车间通信、车网通信的泛在通信终端;同时还是让汽车具备 IOV 寻址和网络可信标识等能力的设备。

第二层为管系统:解决车与车(V2V)、车与路(V2R)、车与网(V2I)、车与人(V2H)等的互联互通,实现车辆自组网及多种异构网络之间的通信与漫游,在功能和性能上保障实时性、可服务性与网络泛在性,同时它是公网与专网的统一体。

第三层为云系统:车联网是一个云架构的车辆运行信息平台,它的生态链包含了 ITS(Intelligent Transport System)、物流、客货运、危特车辆、汽修汽配、汽车租赁、企事业车辆管理、汽车制造商、4S 店、车管、保险、紧急救援、移动互联网等,是多源海量信息的汇聚,因此需要虚拟化、安全认证、实时交互、海量存储等云计算功能,其应用系统也是围绕车辆的数据汇聚、计算、调度、监控、管理与应用的复合体系。

车联网通过先进的通信、传感、控制和智能技术,实现车与车、车与人、车与路的互通与协同,对数据进行采集、分析、学习、提取、分享和决策,实现智能化交通管理、智能动态信息服务和车辆智能化控制。车联网是信息技术与

---

① 按驾驶人行为来设计的保险。保险公司通过车载信息终端收集、监测、评价不同车辆的实际状况和不同驾驶人的驾驶行为,并据此计算和调整保费。

汽车融合的结果，是物联网在汽车和交通领域的深度集成应用。随着物联网、大数据、移动互联网和汽车相关技术的快速发展和不断融合，车联网发展迅猛。在我国，汽车厂商、IT 企业、网络运营商、应用服务提供商等纷纷进军车联网领域，车联网技术和产品不断创新，并已形成规模化应用，市场化和产业化步伐不断加快。

车联网对车辆保险的发展有着重要价值。通过对人、车、路、环境信息的采集与分析，可以降低骗保率，提高承保收益，并可创造新的收益。通过对车辆及驾乘人员信息的分析和处理，保险公司对风险事故可以由被动应对转为主动管理，降低事故发生率和理赔成本。通过实时信息交互和综合服务，可以提升客户服务水平，提高续保率。与传统车险相比，车联网保险可以考虑更多合理的定价因子，使驾驶风险能与保费更加对应。

车联网带来了车辆保险定价模式的改变，基于车联网应用的保险产品（UBI）也应运而生，有望突破车险传统"静态"的定价模式局限。

UBI 通常有两种解释：一种是 Usage-based Insurance，即基于使用来付费的保险；另一种是 User Behavior Insurance，即按驾驶人行为来设计的保险。虽然两种解释不同，但其本质是一致的，其逻辑是驾驶行为表现较安全的人员应该获得保费优惠，保费取决于实际驾驶时间、地点及具体驾驶方式或这些指标的综合考量。保险公司通过车载信息终端收集、监测、评价不同车辆的实际状况和不同驾驶人的驾驶行为，并据此计算和调整保费。欧美发达国家车联网较为成熟，UBI 发展迅速，普及程度也较高。在美国，主要保险公司基本都推出了 UBI 产品，许多中小保险公司也积极推出各具特色的 UBI 产品。美国保险监管机构对 UBI 产品也一改以往对保险产品创新的审慎态度，积极支持发展。英国、法国、意大利等欧洲国家的许多主要保险公司都走在 UBI 产品应用的前列。

在我国，终端厂商和互联网企业对车联网热情高涨，纷纷进行车联网技术的开发和商业模式布局，几家大型的保险公司正在积极研究和试点，目前人保财险、国寿财险、平安财险和太平洋财险等多家保险公司涉足研究基于车联网的车险产品。互联网三巨头（阿里、百度、腾讯）也纷纷涉足车联网领域。随着车联网技术的不断成熟和应用深化，从车辆保险发展的角度看，车联网保险是大势所趋。随着车联网保险的逐渐推广成熟，当针对不同驾驶者可以实现完全的价格差异时，保险公司的目标客户就可以逐步扩展到全部的保险消费者。从对价格敏感度较高的年轻用户，到有特殊需求的老年用户或者车队,车联网保险都能够根据用户特征来加以区别对待。

除此之外,车联网保险通过费率手段鼓励安全驾驶,使得"好司机"获得更低的费率,使得用户有积极性和动力去管理、约束自己的行为,一定程度上避免了道德风险,实现了风险管控的作用。同时借助于车载装置,保险公司能够向用户提供导航、紧急救援、车辆寻回等各种服务,使得车险向服务型保险转换。

由此可以看出,车联网保险的发展不仅为实现车险精准定价提供了可能与途径,而且可从源头规避风险、预防风险,对车险的发展有着深刻变革影响。

车联网保险是我国保险公司车险的发展方向,不过,从保费规模增长的稳定性、车险行业稳定性及技术可行性等方面考虑,目前监管方对车联网保险的发展一直持有谨慎的态度。UBI 的推出可能在一定程度上减少保费收入,而保费规模的稳定增长是行业监管下的直接业绩体现,所以对行业会带来重要影响的产品须待到时机成熟时,经过分批分地区的试点后才可推广。从实施 UBI 车险后的日韩的保险行业来看,其集中度进一步上升,中小保险公司与大型保险公司的竞争都进一步加大,所以就目前国内来看,保险行业将采取稳定发展、逐步试点的方式来加以推进。另外从技术可行性来看,保险的本质是大数法则,而 UBI 车险目前尚无足够的数据支撑真正的车险产品的推出,所以保险监管机构一直在制定 UBI 车险的数据标准。虽然监管的态度是谨慎的,但不是保守的,目前主要的工作是进行各方面条件的准备,对产品推出的时机、市场的成熟度进行分析等,但是,车联网保险的推广必将是保险行业的一次重大变革和突破。

二、健康保险经营模式将颠覆

一般来说,健康管理是指对个体或全体人员健康状态以及危险因素进行全面监测、分析、评估,提供咨询和指导,以及对健康危险因素进行干预的全过程。健康管理的目的是使人不生病、少生病、迟生病、带病延年并提高生存质量,以降低疾病发病率、复发率,进而降低医疗费用。健康管理具有"防患于未然""未病先治"的特点。健康保险是健康管理的发源地,健康管理与健康保险关系密切。一方面,健康管理可以减少参加者疾病发生机会,降低医疗费用,对保险公司来说,可以降低赔付率和经营风险,因此健康保险对健康管理有着内在的需求;另一方面,健康管理需要健康保险来保障,同时健康保险为健康管理带来市场和利润空间,促进健康管理产业的发展。由于受道德风险和逆向选择、医疗机构管控手段不足、药品和医疗器械价格过高等因素影响,在世界范围内健康保险的经营管理都是一个难题。

近年来,我国商业健康保险行业增长明显加快,从2010年到2017年,商业健康保险年保费收入从691.72亿元增长至4 389.46亿元;健康险占全行业保费收入比重从4.66%增长到12.0%;健康险深度由0.17%增长至0.53%;健康险密度由50.5元/人增长至315.8元/人。由于商业健康保险具有产品形态多样、保障功能强、风险控制专业要求高等特点,销售渠道相对集中于个人保险代理、团体保险,而银行保险、电话销售和网络销售以责任相对简单的健康保险产品为主。保险公司在经营过程中,对健康险的风险控制能力相对薄弱,特别是难以控制医疗费用支出。

我国人口数量众多,健康保险市场需求巨大,随着我国经济发展水平不断提升、人口老龄化速度加快以及新医改和医保制度的不断完善,我国医疗保险正迎来难得的发展机遇。随着可穿戴设备、移动互联网、健康管理和医疗技术的发展,通过物联网技术进行更为高效、便捷的健康管理和医疗服务成为可能,这将大大改变健康保险的经营模式和发展方式。物联网技术下对健康管理和健康保险的影响主要体现在以下几个方面。

第一,通过智能眼镜、智能手环、智能手表、智能衣服、智能手套、智能鞋等从头到脚的可穿戴设备,实时感应和监测个人的身体状况,促使使用者自我管理和加强锻炼,提升其身体健康状况。

第二,通过一系列体征传感器采集使用者的体征数据,如心率、脉搏、体温、血压、血糖等,并与正常的生理和健康指标进行对比,监测和评估使用者的身体健康状况,帮助使用者动态管理自身健康。

第三,随着手机技术和移动应用程序的不断创新发展,手机将演化为功能丰富的健康管理工具。一是将手机App与可穿戴设备结合,对身体进行实时监控和动态管理,实现"移动健康管理"。二是在手机中嵌入一定的检测、感应模块,并与医学传感辅助设备配合使用,将有望实现准确、全面的身体健康状况检测。三是随着手机技术水平和功能的不断提升,手机有望应用在辅助诊断、特殊人员监护等方面。

第四,随着物联网技术、现代医学技术和其他信息技术的不断融合,原来只有在医院才能进行的专业检测和诊断有望通过远程的方式实现,面对面的诊疗将被自助、远程、虚拟的物联网系统所代替。通过视频、感应终端、便携式专业检测设备等,可以对个人主要健康指标进行监测并实现远程专家会诊,提出有针对性的运动、康复和治疗方案。

第五,通过物联网系统对个人健康指标进行监测评估后,健康专家和医生可通过文字、音频、视频等方式为客户提供直接的健康咨询和指导,以及个性化和有针对性的健康管理解决方案。

通过物联网驱动健康管理,可以准确确定被保险人的健康管理目标,根据目标制订个性化的健康管理方案,增强产品差异性,促进差异化定价,降低健康管理的风险。传统健康险通常相同性别及年龄的保费是一样的,健康险引入物联网可以突破传统保险万众同价的旧模式。通过健康大数据优化健康保险产品,促进被保险人达成健康管理目标并改善健康状况,提升客户服务质量,带来了健康保险模式的变革,推动健康保险由事后补偿向预防补偿发展,由单一医疗支付向全面健康管理转变。保险公司可与医疗机构和患者共享加密信息,在保证信息准确真实且保护病人隐私的基础上,实现价值信息实时共享,从而制订个性化健康管理方案。在投保时,实现健康保险产品定价差异化。

随着国内各家保险公司以"保险+科技+健康管理"进行战略布局,一个融合健康保险与医疗健康的新业态正在形成。从健康险的角度来看,未来的医疗保险将会以保险为平台,整合一系列健康服务,构建以客户为中心的、覆盖全生命产业链的健康服务体系。随着物联网、大数据、云计算、区块链、人工智能等技术的深入应用,健康生态合作方的融合趋势也愈加明显。

三、其他保险类型迎来新变革

伴随物联网技术在安防方面的应用,火灾保险也将进入新的发展模式。火灾保险是指以存放在固定场所并处于相对静止状态的财产物资为保险标的,由保险人承担保险财产遭受保险事故损失的经济赔偿责任的一种财产保险。物联网技术感知、监控的功能显然可以实现建筑、仓库、家庭方面的财产损失预防。目前,多家物联网技术集团正大力发展基于物联网的安防系统,并与智能安防需求方实现合作,将物联网技术应用于高层建筑、仓库储备等日常安防,构建全新低成本的防灾防损智能体系。保险公司也积极参与到安防智能升级中,与物联网公司合作,为火灾保险需求方提供物联网技术改造升级标的物,制定针对性保险产品,积极构建"物联网+保险"的防控模式。

2017年11月9日,平安产险首推高层建筑的风险防控"物联网+保险"

模式,基于平安产险独有的鹰眼(DRS)智能风控系统,建立针对高层建筑的全新防灾防损体系,为高层建筑火灾风险防控添加高科技利器。目前,该模式的部分技术已分别应用在我国多个超高层建筑的风险防控工作中。这套模式最大的特点是"一全三新":"一全"是指全过程,即保险深度介入高层建筑的设计、施工、运营全过程,从源头开始减少潜在的风险隐患。"三新"是指新模式、新方案、新体系,借助消防物联网大数据结合险企专业风控团队,在消防管理体系中形成类似车险在交通风险管理中综合治理联动的新模式;通过针对性创新保险方案的开发,解决用户使用新型消防科技的后顾之忧,提升生产企业的创新积极性;建立涵盖消防、建筑施工、器材生产、保险保障的联动模式,形成政府统一领导、部门依法监管、单位全面负责、公民积极参与的新体系。

除火灾险外,我国也是一个其他灾害频发的国家,近20年来发生过多起特大洪水、特大暴雪、特大地震等大型自然灾害。同时,由于安全意识不高、安全防范不够和管理不善,我国安全事故发生频率也很高,重大事故和特大事故时有发生,尤其是化工厂爆炸事故发生较多。这些灾害事故给人民生命财产造成了重大损失,也导致了保险公司的巨额赔偿。比如,天津滨海新区瑞海公司危险品仓库爆炸事故保险赔偿金额超过了50亿元。

通过物联网技术,可对灾害事故进行识别、预警、定位、追踪、监测,进而对灾害事故进行预防、处置,减少灾害事故及灾害事故造成的损失。灾害风险与常规风险有很大不同,传统的保险精算技术很难对相关保险进行费率厘定。通过各种传感器,利用物理、化学、力学、电学、磁学、声学、光学、机械等原理,采集气候和环境参数,如温度、湿度、降水量、振动、位移、下沉、倾斜、地质构造、土壤含水量等,形成大数据积累,能更加科学地对灾害风险进行评估,更好地确定巨灾保险、农业保险的价格。灾害事故发生后,带来的财产损失一般都很大,而且查勘定损成本也很高,因此需要借助先进科技手段,其中物联网将是最重要的技术之一。基于物联网监测数据,可对灾害事故原因和责任进行快速、准确的判断。通过物联网技术进行检测,同时结合遥感、无人机等技术,可以对灾害事故现场进行非人力的精细查勘,并对财物损失进行评估,进而提高查勘定损精度,减少查勘定损时间,节约理赔成本,创新理赔服务模式。

对保险行业来说,物联网技术的应用不仅可防灾减灾,减少赔偿支出,而且将对灾害保险、财产保险、农业保险、事故责任保险等带来深远影响,从定价模式到承保、理赔服务模式等都将发生改变。

更重要的是,通过物联网技术的引入,将灾害事故风险管理理念引入灾害事故管理中,推动风险管理与灾害事故管理相结合,进而给灾害事故相关的保险模式带来变革。比如,对巨灾保险来说,利用物联网技术对自然灾害进行监测、预测、预警、实时预报、应急救助,从保险风险管理和灾后赔付向防灾减灾方向转变,减少损失和赔付支出;对环境污染责任险、企业财产险等涉及事故赔偿的保险来说,通过物联网技术加强安全事故预防和管理,并将保险的风险管理内化为事故管理,最大限度降低安全事故发生概率,让环境污染、火灾、爆炸等事故"大事化小、小事化了"。对于没有采取完善的预警预防措施的投保人,事故带来的损失将免赔,这将促进投保企业利用物联网加强事故风险管控。也就是说,通过积极应用物联网技术进行灾害事故预防预警,将推动相关保险模式向灾害事故管理方向发展,由以前的"损失赔付"向"不发生赔付"或"少赔付"转变。

可见,物联网保险将深刻改变保险业经营和发展的基础,开启保险业新模式,实现精准定价,并对事故的发生做到可控、可预期,部分甚至可预防,它将改变保险业最古老的概率推定,开创保险新模式。

四、物联网保险的风险与问题

保险公司利用物联网技术,可以创造出一个全新的、盈利能力更强的商业模式,该模式通过数据为客户提供更加个性化的服务,从而改善保险公司的客户关系。同时,我们必须看到在应用物联网技术的初期,保费收入很有可能会大幅下降,而对于数据管理、数据隐私和数据安全等方面的投入会上升。所以传统保险公司必须跳出固有思维,用发展的眼光看待物联网保险所带来的影响。

物联网保险带来的主要问题与思考:一是保费减少。物联网设备不仅能从技术角度防范风险,也可以培养使用者的良好习惯,不管是车险领域的UBI设备,还是健康险领域的体征监测设备,都可以降低风险的发生频率,减少客户损失,但也会导致保费降低。

二是失去了对数据的掌控。慕尼黑再保险研究报告中认为:"数据属于谁?是属于传播数据的设备还是属于数据传输服务供应商?是设备使用者自己还是利用数据提升用户体验的公司?"研究员表示:"只有在确认数据属于谁之后,才能确认谁应该为数据安全和客户隐私负责。此外,随着物联网设备的增多,拥有大量数据的公司也会面临越来越大的网络安全隐患。"

三是隐私和安全问题。为了利用物联网,保险公司必须在设备发生故障和出错时确保客户数据的隐私和安全。物联网设备大多是个人用品,为了给客户制定个性化的保险产品和价格,保险公司需要获得关于客户的所有数据。而只有在确保数据和隐私的绝对安全之后,客户才愿意将这些数据分享给保险公司。家财险、车险以及健康险领域的智能互联设备在通过互联网为消费者提供服务的同时,也增加了消费者遭受网络黑客攻击的概率。一旦遭到攻击,消费者承受的财物损失和健康风险将不堪设想。

第四节 物联网金融对证券业的影响

相比较银行业与保险业,物联网金融在证券业的应用尚在起步,物联网技术与证券业的结合,目前主要表现在对证券经纪业务的影响和正在兴起的"物联网+"的投资模式,然而物联网技术与证券业结合的前景非常广阔,物联网证券将重新定义社会组织架构和经济运行模式。整个社会经济活动是证券的交易平台,而物联网金融将推动"一切皆证券"。

一、物联网金融助推"一切皆证券"

证券是价值的直接代表,本质上它是价值的一种直接表现形式。证券市场是股票、债券、投资基金等有价证券发行和交易的场所。证券市场本质上是价值直接交换的场所,也是财产权利直接交换和风险直接交换的场所。股票作为证券的一种主要形式,其价值是企业价值的体现。股票价格短期而言可能会随机变化,但从长期趋势来讲,必然取决于其背后企业的经营和发展。所以,从表面上看股价反映了供求关系,但实质上是企业的经营预期决定了供求判断。

物联网技术能实时监控企业经营状况,让股票回归企业价值本身。通过物联网系统可对企业生产资料、生产设备、生产过程等信息进行实时监控,客观、准确地反映企业生产经营状况;可实现生产设备监测、生产能耗监测、运营情况统计等,并完成对这些数据的管理。通过采集生产设备的生产数据,获取动态生产数量的数据,统计成品/半成品的数量,通过采集企业管理、企业成本支出、企业发展的相关各种信息,实时掌握企业生产运营情况。当企业运营信息可以实时、准确、透明地被投资人获取时,就彻底消除了股票市场的信息不对称问题,让企业股票回归企业本身的价值,保障投资者利益,使得股票市场有序、健康发展。

更进一步,物联网让一切实体的价值都可被感知、被量化,让一切有价值的实体都可被发现、被交易,基于物联网的价值实现体系、价值交换体系,推动形成"一切皆证券"的全新经济运行方式。

物联网使得每个实体都成为虚拟世界和实体世界融合形成的新的价值体,每个价值体都可以在某个时空场景体现自己的价值。物联网使得实体价值可量化,因为实体价值本身是波动的,而且决定价值的因素也在变动或进化,而物联网体系可实现对决定价值的因素实时、动态、客观的管控,实现对确定时空场景下实体的价值量化。物联网体系使整个社会的诚信体系得以健全,万物价值皆可量化、市场化、证券化,由市场决定其价值。理论上,物联网体系将推动企业家证券化、动产证券化、创新能力证券化,使整个企业生产设备、生产原料、生产能力、库存等都被证券化而加以评估。物联网的价值交换体系,助推了"一切皆证券"。

物联网是社会化的协同体系,万事万物都可以连接起来,有效分工协同,所有的实体都可以被连接、发现,所有实体的价值都可以被交换,使整个社会经济活动构成证券的交易平台,实体需求被全程感知并实时匹配。社会分工协同越来越细化,将来人、事、物都是以一个个服务个体的形式而存在,而物联网社会化协同的架构,为这些个体的协同提供了可能。在物联网时代,大多数企业组织可能被解体,企业家可以不在企业里,企业和企业家可能不是控制关系,设计人员、研发人员都可能不在企业里。独立的企业家、工程师、设计师、会计师、律师、文案、司机、分析师等个体,他们的价值在社会化的证券交易平台上进行交换,而各个体的价值也会依据决定价值的因素实时、动态、客观地发生变化。

"一切皆证券"的价值实现,使得物联网将重新定义社会组织架构和经济运行模式。整个社会经济活动是证券的交易平台,它因全程感知的物联网管理体系的作用而变得十分简单,无人控制、自主运营、全程无遗漏。由于物联网时代资产价值在于使用权而非拥有权,因此财富的衡量方式不是拥有多少资产,而是拥有多少价值,而价值通过证券化来实现。你拥有多少财富,并不代表你拥有多少资产,而是代表你有提供和支配资源的能力,财富多少意味着资源价值的大小。物联网"一切皆证券"的价值实现和价值交换体系,使得在每一个角落、每一个时刻的实体发挥它的最大效益,推动新的社会关系和经济运行模式形成和社会文明进步。

二、物联网时代的证券经纪业务创新

证券交易高度依赖于信息技术,在新一代信息技术革新条件下,物联网技术越来越多地运用于证券经纪业的基础设施架构、平台系统服务和软件,使得证券交易技术和交易手段变得越来越便捷和个性化。利用物联网技术建立起来的证券交易平台是多功能、全方位、广域化、个性化的,提高了证券经纪业务服务质量和综合管理水平。物联网技术实现了证券营业部之间资源共享和数据交互,优化了资源配置和分工,促进了业务的极大发展,增强了证券公司的竞争力。随着云技术的发展和运用于证券经纪业务,物联网技术和云技术的结合,深刻地影响和改变着证券的发行方式、交易方式以及理财、业务咨询和资产管理方式,使得证券经纪业务变得快捷轻便,服务质量能有很大改善。物联网技术对证券经纪业务创新模式转变有着深远影响,它促使我国证券经纪业务创新从单一通道服务模式向提供全方位服务的财富管理模式转型,逐渐形成以为客户提供投资咨询、财富管理为依托的综合金融服务模式。

物联网时代我国证券公司经纪业务创新模式将发生转变,主要表现在以下几个方面。

(一) 由同质化的营业部经营管理模式向差异化的模式转变

我国证券公司大部分营业部主要以提供相对单纯的交易通道服务为主,以证券投资、销售各类证券基金产品及证券公司的集合理财计划为辅,营业部经营模式仍然以围绕抢占市场份额、赚取佣金收入手段为主,这种同质化的经营使得证券经纪业务竞争日益激烈。随着物联网技术的兴起,券商为了在竞争中生存和发展,以物联网技术为依托,营业部经营模式开始由同质化向差异化转变。

(二) 由相对单纯的物理网点数量竞争向"物理网点虚拟化"的竞争模式转变

证券营业部物理网点根据市场经营环境、客户资产规模与创收等要素的不同,在网点规模、选址目标、物理功能、设施配置等硬件方面需要投入很大的成本,在管理模式上,执行网点的分级分类管理难度很大,且容易失控。而利用物联网技术的虚拟化,网点只需要投入和通道维护相关的成本,成本相对传统物理网点而言较低。随着虚拟网点审批政策放松,非现场开户业务会迅速扩张,所以证券公司更倾向于虚拟网点的扩张,从而加速网点转型,推进网点轻型化和业务多元化。证券公司营业部网点转型是从物理形式、业务内容到人才结构的全面转型,是实现高素质从业人才需求与"物理网点"和"虚拟网点"数量合理匹配的过程。物联网技术下的高速、高效率的"物理网点虚拟化",有效降低了成本,提高了服务和营销的深度与广度。

(三)由相对简单的通道服务平台向理财中心、销售平台和综合业务平台转变

近年来,随着证券经纪业务竞争的加剧,佣金费率步入低谷,过度依赖通道服务的经营模式使得佣金率一降再降,通道业务已难以支撑营业部的经营,营业部经营模式转型势在必行。随着物联网技术的兴起,证券经纪业务平台功能多样化、全方位化、广域化、个性化,证券经纪业务盈利模式改革将由传统通道业务向高附加值咨询业务和新型买方业务方向发展,经纪业务平台由相对简单的通道服务平台向理财中心、销售平台和综合业务平台转变。

(四)由相对单纯的价格竞争向"价格增值服务"竞争转变

近年来,证券公司营业网点增设市场化,营业部快速增加,券商竞争日趋激烈,佣金价格战愈演愈烈,单纯的价格竞争使得证券经纪业务佣金率步入低谷。业内一直有消息称"佣金下限或将取消",一旦真的取消佣金下限或者佣金完全自由化将很可能再度引起佣金价格大战。在客户需求越来越趋于复杂化、个性化的新形势下,证券经纪业务可以将物联网技术和云服务技术相结合,对客户进行系统化的研究,开发出佣金与增值服务的组合产品,改善客户服务水平,提高客户的价值和忠诚度,使得创新产品真正体现"物有所值",从而实现经纪业务的竞争模式由价格竞争向"价格增值服务"竞争模式转型。

(五)竞争模式由相对独立的经纪业务竞争向公司综合实力竞争转变

证券经纪业务是证券公司最为基础和核心的业务,在行业发展过程中有着其他业务无可代替和举足轻重的作用。我国证券经纪业务在证券公司的盈利模式决定了证券经纪业务在证券公司市场竞争中处于相对独立的地位。随着证券经纪业务竞争的白热化,证券经纪业务盈利模式的雷同性和证券公司竞争策略的单一性使得证券公司越来越难以生存和发展。物联网技术的兴起改变了证券公司的竞争模式,由相对独立的经纪业务竞争向公司综合实力竞争转型,证券公司在提高公司综合实力竞争转型过程中牢固保持着自己

独特的优势和不可替代的地位，在同业竞争中强强联合或以强并弱实现同业重组，使公司资本实现跨越式的扩张，形成相对稳定的实力领先集团。

三、物联网投资形成投资新模式

物联网面向实体世界，实现实体化"互联网+"，即"物联网+"，简言之就是将物联网技术与传统产业相结合，即"物联网+产业"——对传统产业的技术改造、模式再造；"物联网+金融"——物联网将传统金融的主观信用体系变革成客观信用体系，是对金融模式的革命；"物联网+电商"——物联网可实现商品的全程无遗漏环节的监管，让买家没假货、商家可贷款等。"物联网+"是对传统行业的核心、模式的深刻变革，是虚实交融的实体经济，对传统行业的影响将远远超过互联网。

"物联网+投资"形成物联网投资新模式。传统投资是指资金投资，物联网推动投资的"资"是资源的"资"，通过给被投企业投入资金以及对其进行技术改造、模式再造，推动企业物联网化转型升级，通过物联网金融给予融资服务，通过物联网电商给予一定的订单和市场支持。实现对企业的资金、技术、模式、市场的全面支持和服务，实现投资的高溢价回报，这就是"物联网+投资"，它是投资新模式。

感知中国团队主体在创业之初，利用银行的第一笔贷款，全资收购了一家电网配套的民营企业，利用"物联网+"的理念、技术、模式，对该企业产品进行物联网化改造，两个多月后，完成了中国第一个物联网变电站——无锡西泾变电站的改造，得到国家电网的高度认可，并得到投资人的10倍股权融资。其后又用800万元全资收购了一家做智能安防的公司，对"事后追踪"的传统安防产品进行物联网化技术改造，变成了"事前预警、防患于未然"的物联网安防系统，经营13个月后，用一半股权融资，引入平安信托等机构，估值5.5亿元，并且实现70倍的股权融资。

物联网公司将应用场景的解决方案与产品配套给予投资公司，投资方对购入企业进行技术场景改造，实现企业转型，进而估值上市，因此，利用物联网的创新思维、技术、模式，与股权资本相结合，对传统产业进行改造升级，"物联网+"探索出了一条供给侧资本与创新完美结合的新模式。

第七章

物联网金融与传统产业融合的路径与具体应用案例

综合前文的论述可知,物联网金融是物联网技术和金融业的深度融合,这将推动经济活动中资金流、信息流、实体流三流合一,形成以客观信用为基础的金融新业态。本章将从物联网金融技术与功能出发,探讨其与传统产业融合的必要性与可行性及其具体路径,同时讨论物联网金融在银行、证券、保险、租赁、投融资等众多金融领域的应用案例及前景。

第一节 物联网金融与传统产业融合的必要性分析

一、降低融资成本

我国小微企业众多,融资需求巨大,但企业信用水平参差不齐。银行等金融机构对小微企业进行贷前审核需要付出比审核大型企业更多的人力、物力、财力,导致我国小微企业融资难的问题一直没有得到妥善解决。若引入物联网技术对小微企业进行生产、仓储、运输全流程监控,将可极大地降低金融机构与企业之间的信息不对称程度,从而满足放贷要求,降低企业的融资成本。

二、防范道德风险

我国保险诈骗、内部诈骗层出不穷,道德风险频发,给我国经济发展带来较大损失。究其原因,无非是不完善的事中记录以及事后评价机制给不法分子留下了可乘之机。利用物联网技术对信息流的实时获取,可真实、客观、全面地记录下事件发生时的人、物、环境及行为等各方面数据,从而大大降低可能出现的道德风险。

三、优化供应链金融

21世纪的竞争将不是个别企业和产品的竞争,而是供应链的竞争。国内企业对供应链管理的实施比较有限:一方面核心企业对于其上游供应商的应付账款居高不下,损害了上游供应商的利益;另一方面核心企业虽处于较为强势的地位,但对下游经销商同样也存在由于信息不对称而缺乏时效性较强的监管措施,进而产生不必要的损失。通过将物联网技术引入存货类、应收类、预付类供应链金融产品中,可极大地优化供应链上下游企业的产品和货款交接,提高整个供应链运转效率。

第二节 物联网金融与传统产业融合的可行性分析

一、政策红利支持,行业发展步入快车道

物联网自2009年被列入国家五大新兴战略性产业之后,我国陆续发布了《物联网"十二五"发展规划》《物联网发展专项行动计划》《物联网发展规划(2016—2020年)》等一系列政策文件,鼓励和推动物联网技术的研发及应用。在众多政策红利的支持下,物联网产业规模已经超过9 000亿元,近年来的复合增长率高达25%,行业发展进入快车道。物联网技术逐步成熟,大规模应用即将展开。

物联网是物与物、人与物之间的信息传递与控制。在物联网应用中有三项关键技术:RFID技术、传感器技术和二维码技术。目前RFID已经在国内的身份识别、交通管理、军事与安全、资产管理、防盗与防伪、金融、物流、工业控制等领域的应用中取得了突破性进展,并在部分领域开始进入规模应用阶段。MEMS传感器体积小、成本低以及可与其他智能芯片集成在一起,现已进入市场。我国物品编码中心成立了二维码条码设计、编译和识别研究机构,使用现代的模式识别技术、传感器技术和机器学习技术,在二维码图像识别处理、解码算法设计等关键方面取得了重大成果。随着相关核心技术的成

熟,物联网技术在金融与实体经济领域深度融合并大规模应用指日可待。

二、已有终端产品纷纷落地,为更广阔的市场应用提供经验借鉴

物联网金融技术已在动产质押、保险理赔、跨境贸易等领域先后落地。这些运行良好的物联网金融产品不仅有效降低了信息不对称程度,优化了借贷、理赔、清关等操作的流程,显现出较好的适用性,而且也将给未来更多物联网金融与实体经济紧密融合的产品落地和行业应用提供宝贵的经验。

第三节 物联网金融与实体经济融合的应用案例

一、物联网与动产质押

(一)动产质押的现状与问题

中小企业融资难已是困扰我国金融体系多年的顽疾,如何使银行贷款的"锦上添花"转变为"雪中送炭",关键是要找到提升中小企业信用、降低融资成本的方法,显然物联网的出现和发展为这一问题提供了新的思路。

随着改革开放进程的不断深化,市场经济体制逐步成熟,各类组织形式的民间中小企业大量涌现,为我国经济发展注入了源源不断的活力。据统计我国的中小企业数量占到企业总数的95%以上,创造了近60%的工业总产值和近50%的财政税收,提供了80%左右的就业岗位和90%的新增就业岗位,如此庞大的体量必然带来巨额的供应链资金需求。但是中小企业面临着生产资金严重不足的窘境,大部分中小企业均以创业者自身累积财富为创业基础,当企业业务壮大到一定规模时自有资金难以支撑同等规模的进一步生产,这时商业银行理应在生产供应链的各个环节提供资金的融通助其渡过难关。但中小企业普遍具有规模小、固定资产少、土地房产等不动产抵押物不足的问题,提供一定数量和质量的抵押物用于贷款抵押的难度较大,拥有规模厂房和先进设备的个体、私营企业更是微乎其微,有的企业甚至只是租赁经营,更没有有效的资产可用于贷款抵押。而抵押贷款的抵押率普遍又较低,土地、房地产一般为70%,机器设备为50%,动产仅为25%~30%。中小企业生产活动中日益增长的资金融通需求,与其缺乏足够的传统意义上的信用支撑之间的矛盾,阻碍了这部分企业的有效发展。

与匮乏的固定资产和土地房产相反,中小企业拥有大量的原材料或存货商品,利用这些动产进行质押从而获得金融机构融资或许是一条重要的途径,但质押动产的监管一直是个难题。在传统动产质押业务中,银行、借款单位、现场监管单位(仓库)三者之间建立"三方协议",由借款单位将仓库中的动产作为质押物质押给银行,银行再通过对其质押物价值的评估以及根据该借款单位的信用水平来决定自己的授信额度。质押动产一般是银行交由第三方物流监管方监管,多是派驻监管人员进行人工现场监管,物流监管公司管理能力和现场监管人员的履职程度决定着风险大小,一旦责任界定模糊、利益分配不均,就会产生难以把控的信贷风险。近年来,由物流仓单重复质押、虚假仓单、联保等因素引发的融资诉讼案件频发,如多地爆发的钢贸事件、青岛港有色金属骗贷案、浙江温州船舶重复抵押案等一系列事件暴露出传统的质押业务最大的问题——动产质押物的管理问题。有些贷款企业为了获取信贷资金或者帮助同行业友商获取信贷,会将已经抵押过的动产进行重复抵押,而银行由于人力物力财力上的限制对这种行为无法做到有力的监管。当行业整体盈利下滑,动产抵押品价格下降时,便会导致借款单位资金链紧张甚至断裂进而造成整个行业的连锁反应。这加大了银行动产质押贷款风险。为此,将物联网技术引入动产质押贷款业务,构筑更加安全的质押动产监管体系就变得十分紧迫和必要,它将使客户、监管方、银行等各方参与者从时间维度、空间维度、物理状态维度全面感知和监管质押动产的存续状态,全面破解银行动产质押困局。

(二)"物联网+"模式

物联网动产质押监管系统是物联网在银行质押贷款业务中的一种应用,相比较于传统质押业务,由物联网"加持"的质押业务最重要的优势就在于使得货物周转过程透明、安全、可信。由传统的"三方协议"转换成"四方协议",即银行、借款单位、现场监管单位(仓库)、物联网技术监管单位。物联网动产质押监管系统能够通过物联网的感知层、网络层、应用层之间信息准确及时的传递来实时准确感知到货物的客观存在。通过 7×24 小时实时监测质押货物,系统的使用者可以清楚看到具体货物的存放仓库、详细仓位、货物重量、形状轮廓和入库时状态信息,非常直观地知道关于货物的一切基本信息。一旦位置、重量、轮廓这些足以改变货值或质押状态的关键信息在没得到放贷方许可的情况下发生变化,就会自动报警。银行信贷客户经理、监管方和仓库管理方的手机、电脑都能在第一时间收到报警信息以及系统实时抓拍的"作案现场"信息。有了物联网技术"加持"的银行信贷业务不仅可以替仓库有效管理质押的货物,同时也在很大程度上解决了借款单位和银行之间的信任问题。对于一些规模较小或行业知名度较小的企业,通过物联网技术来改造对自己质押货物的管理将是一种有效的获取银行信任进而获得信贷资金的有效手段。

当企业偿还了银行贷款之后,系统对货物的报警服务解除,企业可正常出货。物联网动产质押监管系统的核心是"感知仓单"管理。质押动产的客观物理状态是仓单管理的内容,仓单与实物之间形成一种动态、实时的对应关系,仓单生成后即被锁定,对仓单货物进行任何未经许可的操作时,系统将自动产生预警和报警信息。这种管理模式替代了传统质押业务中的人工监管,依托物联网技术实现动产的全程无遗漏环节监管,有效解决了质押动产监管难题。

此外,银行能在"感知仓单"管理平台上查询货物仓单是否处于质押状态,可有效避免重复质押仓单进行骗贷的问题。物联网动产质押监管系统构筑了质押动产无死角智能保护"罩",推动传统的实物监管融资向更加规范、便捷、高效和安全的单证化融资演变,有望给动产质押融资带来颠覆性革新。动产质押贷款是大宗商品行业贸易企业向银行融资的主要方式,是指借款企业以其合法拥有的动产(包括原材料、库存产品、采购商品等)作为质物,向银行申请融资的一种授信担保形式。

数据显示,我国目前的动产资产达到50万亿~70万亿元,但每年的动产融资规模只有5万亿~10万亿元,市场潜力很大。特别是动产资产占比高的中小企业,利用动产融资的需求十分迫切。一旦通过物联网技术解决了质押物的管理以及银行和借款单位之间的信任问题,那么在大体量动产融资市场需求刺激下,未来物联网动产质押监管系统将有很大的发展空间。

(三)应用案例

太仓阳鸿石化为广东宏川集团下属子公司,成立于2005年5月。企业位于江苏省太仓港港口开发区石化工业园区内,拥有长江深水岸线390米,主要从事液体化工品、成品油及各种石油制品的仓储业务。企业目前坐拥3 000~20 000立方米大小的储罐共77座,总罐容60.6万立方米,年吞吐量可达500万吨,是全国最大的甲醇仓储基地,同时也是郑州商品交易所定点期货交割库。集团拥有甲醇交易服务平台"大宝赢",依托于阳鸿石化仓储资源,日均交易量达3 000万元人民币,注册会员超过1 000家。

作为一家大型仓储交易平台企业,旗下最丰富的资产莫过于大量的储罐和储存的石化资源。但从传统角度来看,储罐显然不能等同于机械设备或房产资源,上万吨的甲醇也处于随时可能被交易、运输的动产资源状态,由于其不确定性和不易被融资方掌控的特性,当阳鸿石化向平安银行提出融资申请时,银行很难信任企业,将其视为优质抵押品。因此,为解决上述问题,本例的核心在于物联网金融平台——三宝集团。

新增的"第四方"工作在于让平安银行能够全面掌握动产的最新状态和动向,即为仓库和运输环节安装上"感知器官"。所以由三宝集团为阳鸿石化提供物联网技术"加持"并改造储罐和运输车辆等,可实时精准监测存货甲醇的液位、料温、可燃性气体浓度、体积、密度、质量,以及运输过程中车辆地磅等全方位数据,并通过 OPC 技术(一种与工厂设备或控制室数据库等海量数据来源进行交互的标准机制)收集上传至三宝集团。随后运用企业资源计划(ERP)对数据进行识别分析,形成企业管理层和融资方可以利用的有效信息。质押融资流程见图 7.1。

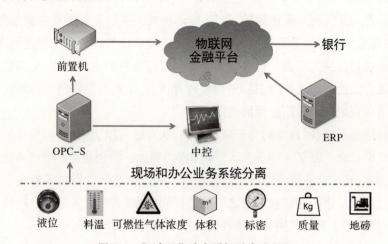

图 7.1　阳鸿石化动产质押融资流程图

企业融资整体过程如图 7.2 所示。首先将货物入库,由仓储监管公司接手保管。根据仓库传感器发回的数据,可以清晰地识别某批次货物(甲醇)在注入前后储罐的液位、总质量对比,从而计算得出该批次甲醇添加值,包括入库时间、运输方式等详细信息,所有信息由三宝集团采集获取,进入企业管理系统。采集指标见图 7.3、图 7.4。

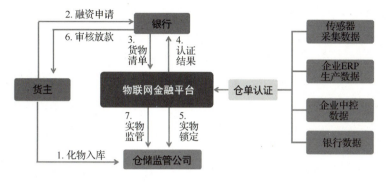

图7.2 阳鸿石化动产质押业务流程图

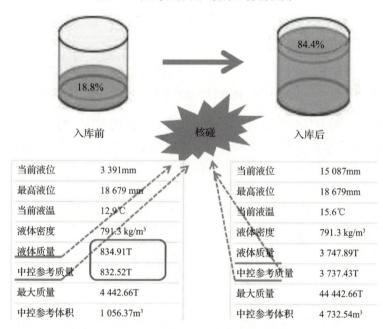

图7.3 阳鸿石化动产质押检测数据

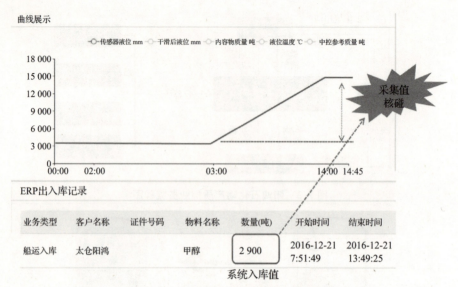

图 7.4 阳鸿石化动产质押检测分析

随后,阳鸿石化持货物清单向平安银行提出融资申请,而平安银行无法仅凭企业的仓单即放款,因此需将货物清单交由第三方三宝集团进行仓单认证,以物联网技术为此背书提升企业信用。仓单式样见图 7.5。

图 7.5 阳鸿石化动产质押业务仓单式样

三宝集团在 ERP 等一系列后台管理系统中对阳鸿石化提供仓单的准确性做出证明并返还给平安银行,同时通过仓储监管公司对企业用以借款的该批甲醇加以锁定,并实施必要的货物监管。银行在确保质押品确凿无误,企业以货物价值为基础具备充分的还款能力后,便可通过审核向企业放款,甲醇货物的状态也由为质押变为已质押。出质流程见图 7.6。

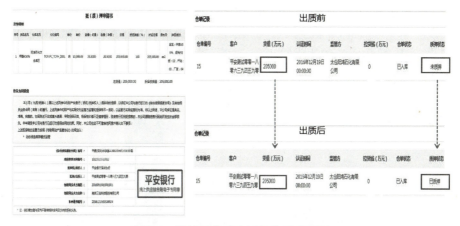

图 7.6　阳鸿石化动产质押出质流程图

此过程即为有物联网科技企业参与的动产质押融资过程,将流动性强、不易定位监管的动产通过物联网的感知功能,实现客观验证,为银行吃下一颗"定心丸",极大地提升了企业质押品的广度和深度,强化了中小企业的融资能力。

而一旦企业有出货运输等行为,仓库也可以随时精准监测和跟踪(见图7.7),采集企业总库存、可用库存、时价等指标,确保不超出警戒控货线,为平安银行做好风险把控。

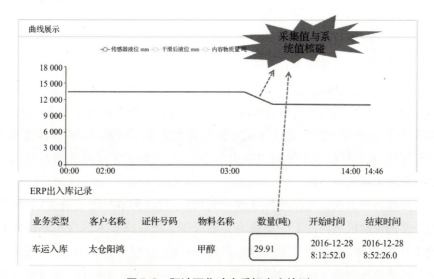

图 7.7　阳鸿石化动产质押出库检测

据统计,我国目前的动产担保贷款规模为 5 万亿元,而金融机构每年的短期贷款余额为 30 万亿元,按照西方发达国家的比例对应我国金融机构,至少还有 16 万亿元的贷款空间有待拓展。另一方面,全国企业动产总量达 70 万亿元,按照 50% 的贷款比例,除去当前可拓展的 16 万亿元规模外,未来还将有 19 万亿元的市场空间可供发展(见图 7.8)。

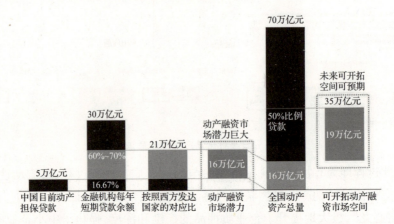

图 7.8　我国动产担保贷款规模预测

对于银行等金融机构来说,未来急需引进物联网技术解决借贷双方信息不对称问题。面对具有强烈迫切资金需求的中小企业,动产融资已是一片亟待开垦的沃土。

二、物联网与保险

传统的保险行业以大数法则和概率论为基础,将个别单位遭受损失的不确定性,通过概率论的计算,转化为多数单位可以预知的损失赔偿数量,从而确定合理的保费以最大限度地确保经营者的盈利。但无论数量多么巨大,风险依然存在,传统保险经营者无法对保险标的实施不间断的、绝对客观的监控和评估,对某些极端事件的发生也束手无策,种种道德风险和偶发性风险使得保险公司头疼不已。

物联网的出现将是保险行业的一大福音,它将为本身用于规避风险、获得补偿的保险机制再加上一层强有力的保障。物联网技术的应用不仅将有助于真实、客观、全面地获取投保标的物及环境、投保人行为的数据,在大大降低可能出现的道德风险的同时,还可提升风险精算定价水平。而且将对保险模式带来变革,推动保险由传统范性的损失赔付,向个性化保费服务和全过程管理转变,变事后赔付为事前较大程度上的"防患于未然"。

（一）财产险

1. 车联网与车险

保险大致可以分为财产保险和人身保险两类，而财产保险中又以汽车险为当今社会投保数量最大的品种。从20世纪80年代起，汽车进入了数字化、智能化时代，具体表现为汽车控制系统由机械液压的模拟控制方式升级为数字控制方式，以及多种多样的智能传感器被运用在车辆运行之中。汽车的数字化和智能化极大地推动了车联网技术的发展，国际上随即出现了专有技术名词Telematics。Telematics从字面上理解就是通信技术（Telecommunications）和信息科学（Informatics）的结合，而现今，Telematics主要是指公路车辆（汽车）通过移动通信技术（GPRS、LTE等）、卫星导航系统（GPS定位系统）、汽车传感器技术、行车记录仪技术和车载电脑实现的车辆联网服务系统或技术，也被称作Automotive Telematics，即车联网。当然，车联网技术同时也是以车辆为服务连接主体的物联网技术发展的一个分支。

通过以上提到的各项技术，汽车制造商可以为车主提供包括全程音控导航、事故自动求助、路边救援协助、道路交通安全信息、娱乐信息和音控免提电话等服务。与此同时，在"全身关节"配备了联网传感器的车辆也是一个灵敏的信号发射器，可以在行驶过程甚至停车时随时采集诸如位置轨迹、速度、加速度、温度、压力、亮度等全方位数据，将驾驶员驾驶操作状态和习惯、汽车运动状态和工况、车辆周围环境等人车路数据信息进行远程传输和存储。物联网时代，车联网和大数据可以说是互相成就，车联网通过采集的海量信息加速了大数据的构建，而大数据又帮助车联网存储和传输这些数据，利用云计算和移动互联网处理并发送到包括PC、平板电脑、智能手机在内的各项数据承载平台，为不同的需求方所使用。就车主及其家人来说，确保车辆在合适的使用状态是他们最关切的，因此车联网对他们来说至关重要的作用是实时获知车辆位置和驾驶安全信息。而对商家来说，车联网可以帮助其利用大数据技术挖掘客户、精准营销，提升整个汽车产业链的价值增值，为公司和客户带来源源不断的价值，从而实现良性循环的商业模式。可以预见的是，随着车联网数据的增长，新的技术和商业模式必将诞生，大数据车联网产业链将具有更大的市场和利润空间，而面对如此巨大的投资机会，汽车保险行业将会是极大的受益者。

从20世纪后期开始，金融界的学者们就对保险行业的定价问题提出了一些新的观点，他们认为车主驾驶的方式和车辆行驶的里程数才应该最终决定投保人的汽车保险费,因为一般来说事故发生的概率会随着驾驶里程数的上升而同步上升,并且不遵守驾驶道德规范的驾驶员显然比老实本分的驾驶员更容易发生事故。而对不同驾驶里程数和驾驶习惯的汽车收取相同的保费,会强迫低里程驾驶员向高里程驾驶员补贴保费,这显然缺乏精算公正性和商业诚信,并最终必然影响保险公司的业绩。有学者认为应该将所有影响风险的因素——包括人、车和环境,都纳入测量范围并引入保险费率体系,而如果仅仅是因为偶然的运气因素而发生了事故,则这起事故不应该成为调整费率的依据。

汽车保险信息经济学和激励理论的研究突破,促使各国保险从业人员开始重视并着手制定以实际驾驶状况为基础的车险产品,相继提出了新型的基于使用的保险产品(Usage-based Insurance,即UBI),UBI考虑了那些以往被忽略的重要的定价因子。例如,比利时的Corona Direct和荷兰的Polis Direct保险公司使用汽车里程表定价,里程表读数由每年车检取得;而以色列保险公司的Aryeh和南非的Nedbank保险公司,则在客户加油时读取里程表,并以此为收取保险费的基础。然而最初这种做法的缺陷在于保险公司必须安排固定人员进驻各个车检机构,这将带来高昂的人力成本,同时道德风险也是不可忽略的因素,动用一点手脚或是与内部人员串通便可主观修改里程表读数,由此引发的损失很难避免。

第二代UBI产品是基于车联网的保险产品(Telematics-based Insurance,即TBI),车联网技术的发展为保险公司提供了前所未有的精准数据,使其更加客观地洞悉不同驾驶员的驾驶方式,了解事故发生的原因,有效降低车险定价和理赔过程中的信息不对称,帮助保险公司和精算师完善定价策略。一旦保险公司借助车联网掌握了精确定价技术,就能给低风险驾驶员提供高折扣保险费优惠,在确保利润的前提条件下,实现针对优质低风险驾驶员的积极市场扩张战略。根据Lauszus和Schmidt Gallas(2004)的研究,保险公司在确保利润不变的前提条件下,汽车保险费率下降5%将带来客户25%的扩张,即车险的需求价格弹性为5。而精算咨询公司韬睿惠悦调查发现,安全水平最优10%和最差10%驾驶员的车险赔付率差距超过10倍,如果在保费方面为了确保收益而"一视同仁",那必然导致优质低风险客户承担过多保费从而影响保险公司在这部分客户群中的市场销量。显然,一旦车联网保险给予这部分群体高达40%~50%的费率优惠,将给保险公司带来优质客户的高速扩张,有助于扩大优质客户目标市场,这是车联网保险产品最吸引保险公司管理层的地方。

以美国保险公司（Progressive Corp.）的车联网保险应用为例，保险公司通过车联网技术收集行驶里程、车速、发动机转速、行车路线等驾驶数据，对车主的驾驶行为进行模型验证，并在此基础上开发出车联网保险产品。

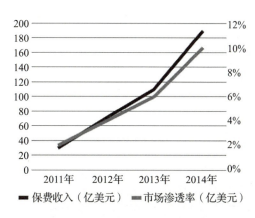

图7.9 美国车联网保险市场情况

如图7.9，自2011年至2014年，美国车联网保险保费收入分别约为30亿美元、70亿美元、110亿美元和190亿美元，市场渗透率分别约为2%、4%、6%和10%，增长较快。占整个市场份额70%以上的保险公司正在实施或计划实施车联网保险项目。

此外，车联网保险还能识别虚假赔案和骗赔行为。通过实时跟踪监测车辆驾驶轨迹和行为，帮助保险公司确定事故责任和损失，减少案件理赔中欺诈和骗赔的风险，大幅降低理赔现场查勘费用和骗赔成本（目前虚假赔案导致的赔款占理赔成本的30%以上）。

表7.1 全球主流保险公司的车联网保险项目

保险公司	国家	数据采集技术	前装/后装	数据传输技术	定价风险因子	技术代级	第三方TSP
CMAC Insurance	美国	Onstar	前装	GPRS	里程	PAYD	通用Onstar
Aioi	日本	G-Bock	前装	GPRS	里程、车况、时间	PAYD	丰田G-Bock
Hollard	南非	GPA记录仪	后装	GPRS	时间、位置、速度	PAYD	Skytrax 电信运营商

续表

保险公司	国家	数据采集技术	前装/后装	数据传输技术	定价风险因子	技术代级	第三方TSP
Sara	意大利	GPS记录仪	后装	GPRS	实际驾驶里程或者天数	PAYD	Movitrack, Viasat 和 Octo
WGV-Online	德国	GPS记录仪	后装	GPRS	超速	PAYD	—
MAPFRE	西班牙	GPS记录仪	后装	GPRS	里程、时间、道路等级、平均行驶距离、平均速度、夜间驾驶比例	PHYD	—
Progressive	美国	OBDII接口记录仪	后装	GPRS	时间、里程、车速、急加/减速次数	PHYD	—
State Farm	美国	OBDII接口记录仪	后装	GPRS	时间、里程、超速次数、急加/减速次数、转向	PHYD	Hughes
Liberty Mutual	美国	带加速度计的GPS记录仪	后装	GPRS	超速、急刹车、急转弯	PHYD	通用电气GE

从表7.1可以看出,车主驾驶习惯已经成为车险主流定价因子,有理由相信今后将有更多的个人行为因素决定保费的走向,例如跟车距离、变换车道频率、方向盘把握、后视镜检查、酒驾及超速行为等。随着这些定价因素的深入人心,为了降低自身保费,节省开支,必定会有越来越多的驾驶员养成安全驾驶的习惯,在做出每一次驾驶动作前三思而后行,从而从根本上降低事故的发生率,减少保险公司可能的赔付。Ippisch(2010)对1 598位意大利驾驶员的车联网保险数据进行研究,发现事故后驾驶员会显著改善驾驶行为:在事故发生的下一个月中,事故驾驶员平均会减少驾车11.4%,月里程减少13.9%,平均行驶速度降低7.5%。

2. 车联网与供应链服务

车联网的出现能够充分发挥物联网万物互联的核心功能,在形成行业的物联网网络中可以实现垂直领域内的互联互通,通过关键节点的信息联结,构成一个人车互联的世界。弥补和延伸了互联网金融所不具备的终端触觉,促进形成行业全程供应链金融解决方案,覆盖传统金融不能覆盖的企业细微节点的金融需求,扩大原有客户群体,拓展新型业务。

中航工业拥有500万集装箱、物流车辆集装箱、码头堆场等雄厚的物流线下资源,具备丰富的物流大数据,以此为基础能够衍生出形式多样的供应链金融服务模式。

以车联网技术为依托,企业能够对所有车辆全程定位,通过 RFID 电子标识,可对货箱实施可视化监管,智能化管理堆场,物流车辆从接到订单开始,经集装箱装货、物流运输、到途中监管、整车经过海关物流卡口,最后到海外实现货物销售环节都可以被物联网金融平台全覆盖,在物流行业形成全程供应链智慧化解决方案,每一个交易节点可能产生的金融服务需求都能够被挖掘满足。具体见图 7.10 和图 7.11。

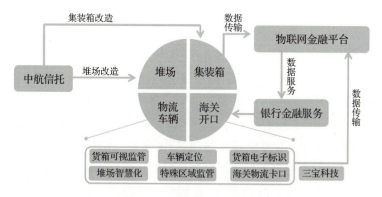

图 7.10 车联网业务流程图

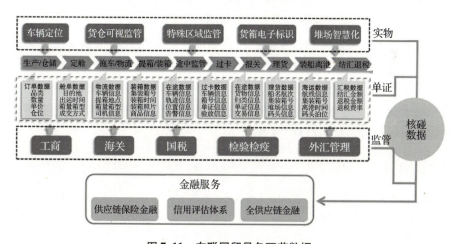

图 7.11 车联网贸易各环节数据

由于实现了车车互联、人车互联,物联网的触角伸向了各个环节,在本案例中,作为物联网科技支撑方的三宝集团可以实时获取通关、物流数据,中航工业能够将车辆和货物完全交由三宝集团,由其打理货物运输过程中的工商登记、海关检查、国税税务、检验检疫、外汇管理等供应链的方方面面，并有机会获得企业客户的大数据信息，这其中充斥着金融服务的无限可能性。利用企业的业务数据和资信状况可以对企业建立完整的信用评估体系，一旦有企业在供应链中出现资金周转困难或存在融资需求，即可根据信用评级，牵头其他金融机构对企业放贷，银行业可以借此渠道拓展优质客户，开拓利润空间。此外，在货物运输过程中，交易双方不可避免地需要为货物购买保险，国际贸易中保险的种类和形式多种多样，保险的投保人可以是买方，也可以是卖方，保险公司同样可以由三宝集团牵头，发掘更广泛的市场需求，根据供应链的实际状态和企业的资信状况，为贸易、物流企业的产销过程量身定制适当的保险方案。

3. 车联网与危险品运输服务

危险品是易燃易爆有强烈腐蚀性的物品的统称，危险品运输行业对安全性要求极高，任何危险品运输中发生的交通事故，都会成为造成群死群伤的恶性交通事故。面对危险品运输行业存在的准入门槛底、驾驶员安全应急知识欠缺、危险品运输行业事故频发的现状，国家对危险品运输行业的整改迫在眉睫。2017年，交通部下发关于加强危险货物道路运输安全监管系统建设工作的通知。通知要求，到2020年，全国危险货物道路运输安全监管系统基本建成，运用信息化手段实施"联网监管、精准监管、专业监管、协同监管"的格局要基本形成，安全监管能力要明显提升。

车联网在危险品运输行业的应用为加强危险货物道路运输安全监管系统建设提供了有效保障。2017年，三宝集团下的驭道科技推出了车辆主动安全智能防控系统（见图7.12），引入"互联网+物联网"模式，结合自身资本优势及技术优势，在不增加企业负担情况下，为运输企业安装主动安全智能防控终端设备，并取得了良好的成效。

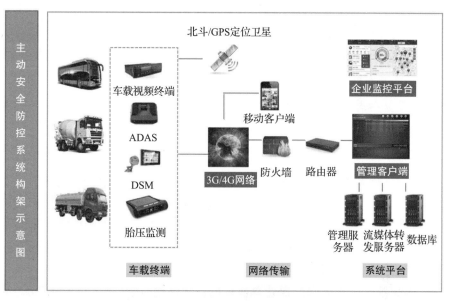

图 7.12　车辆主动安全智能防控系统

车辆主动安全智能防控系统作为交通运输领域"科技兴安"的技术研究成果之一,以"两客一危"车辆及驾驶员为对象,在目前现有重点营运车辆动态监控的基础上,开发具有主动安全智能防控功能的车载集成终端及平台支撑系统。系统通过车载终端智能识别驾驶员抽烟、打电话、疲劳驾驶、注意力分散、跟车过近、车道偏离等危险驾驶行为。一方面通过车载设备及时提醒,实现对驾驶员的安全辅助驾驶;另一方面,通过大数据技术深度分析风险行为,通过人脸身份识别技术实现对驾驶员驾驶风险的档案建立,在驾驶档案数据的基础上基于人工智能技术建立风险识别与管控模型,大幅提升运输企业的安全管理水平,实现道路运输车辆安全管理事前可预防、事中可控制、事后可追溯的管理能效。

同时在主动安全防控系统中增加维修维护、汽车销售、ETC 付费、能源业务及金融保险服务。整合运营商和车厂商,及时解决运输车辆日常或运输中遇到的问题;将主动安全监控与汽车销售相结合,依托主动安全智能防控系统平台面向全国销售汽车;使 ETC 服务系统性覆盖全国,通过预付费及后付费模式的结合,满足不同客户需求;将上游液厂与油气站供液业务及下游油气站销售业务相结合;为用户提供配套供应链金融服务,同时减少事故,降低赔付率。

自 2017 年 5 月开始,三宝集团下的驭道科技为 150 辆危险货物运输车辆加装车载终端设备进行试点,取得了非常显著的效果。

可以看到,车联网的实现,能够加快供应链中各个环节金融服务提供的效率,催生保险、保理、信贷等一系列金融服务,为各方企业的长远发展创造无与伦比的条件。

(二) 人身保险

1. 现状与问题

随着经济水平和投资意识的提高,我国居民购买人身保险的意识也正在逐年增强,就全国保险行业人身险保费而言,2016 年相比 2015 年涨幅达到 36.51%,总额突破 2.23 万亿元,2017 年全行业保费收入则达到 2.67 万亿元,2018 年 1—4 月这一数据便已达到 1.30 万亿元,可以说取得了长足的进步。然而,总数的增长并不能掩盖所有的问题,行业内依然存在一些有待改进之处。

例如健康险在人身险保费总额中的占比问题,虽然这一数值从 2013 年的 10.20% 上升到了 2017 年的 16.4%,但相比于西方发达国家 30% 以上的份额来说,我国仍处于较为初级的阶段。又如健康险的简单赔付率这一指标,尽管近年来有所降但是仍维持在较高的水平上。2013—2017 年度人身险总赔付率,健康险、寿险和意外险赔付率分别如表 7.2 所示。

表 7.2 近几年我国人身险赔付率

年份	人身险总赔付率	健康险赔付率	寿险赔付率	意外险赔付率
2013	25.19%	36.59%	23.91%	23.74%
2014	26.31%	35.99%	25.03%	23.67%
2015	27.51%	31.65%	26.92%	23.89%
2016	26.03%	24.76%	26.39%	24.40%
2017	20.28%	23.86%	19.51%	23.34%

从表 7.2 可以看出:尽管一直在降低,但健康险近五年来的赔付率还是在 30% 以上,且除了 2016 年外其余年度均相比寿险和意外险的赔付率要高出不少。此外一旦将支付给大量保险代理人的佣金,以及公司的各项管理费用计算在内的话,各险种的支出绝对数值将进一步提高,保险公司的利润也会进一步缩水。意外险的赔付率一直非常稳定,可以将其归结为被保人发生意外的可能性在一段时期内较为恒定。而寿险的赔付率受限于一国人口的平均寿命,在短时间内无法通过人为干预造成很大的波动。由此看来能够通

过技术革新和新制度建立大大降低的只有健康险的赔付率了,因此如何系统性地降低这一数值是现阶段各大保险公司急需解决的一大问题。

在想方设法提高健康险赔付率的过程中,又存在着两座绕不开的大山。首先是被保险人的道德风险和逆向选择问题。在传统的健康险模式中,被保险人在患病后到医疗机构接受治疗,先行缴纳相应的医疗费用,之后再持医疗机构开具的付费凭据到保险公司索赔。在这种模式下,保险公司并不参与到患者治疗这一核心环节中,只是简单地事后赔付,带有明显的被动性,与患者、医院之间存在着严重的信息不对称。而在有保险公司"兜底"的前提下,患者并没有动机节省医疗开支,院方也会肆意地增加医疗费用以获取更大的收益,延长住院时间、虚报医药费等现象比比皆是,最终使得保险公司成为"冤大头",为大量不必要的开支买单。据相关资料,美国有关的健康险欺诈损失占到健康险总额的10%,而业内普遍认为我国尤甚。

其次,保险公司普遍对被保险人健康情况缺乏有效的监控和管理,由于医疗专业知识的不足,对疾病的发病率和医疗风险等无法形成准确的评估,导致针对各个被保险人的保费定价具有一定的盲目性,而健康管理的缺失也进一步抬高了健康险成本。从统计数据来看,每年有4 100万人死于慢性病,占所有死亡人数的60%。发达和发展中国家有超过10亿人体重超重,中低收入国家80%的人患有慢性病。全球糖尿病患者在过去的30年翻了一番,达到3.5亿。而研究表明,80%的慢性病是可以预防的,健康管理的重要性不言而喻。

综上所述,保险公司应该给予健康险的"事前"和"事中"服务更多的重视,投入更多的精力准确评估每一个被保险人的健康状况以计算出最合适的费率,并在保险期内运用一定的技术手段,对个体健康状况以及危险因素进行全面的监测和评估分析,及时提供健康咨询和指导建议,从而降低被保险人的发病率;在患者治疗过程中,保险公司也应该积极地跟进,与医疗机构相互配合,选用最合适的药物和治疗手段,最大限度地避免医药价格虚高,"把钱用在刀刃上",进而降低保险公司的赔付成本,提升利润空间。因此,基于物联网感应技术的健康监测设备将是人身保险领域发展的重中之重。

2."物联网+"模式

根据上文分析,解决问题的核心在于健康管理。根据我国保监会发布的通知文件,健康管理被定义为:保险公司针对被保险人相关的健康风险因素,通过检测、评估、干预等手段,实现控制风险、改善健康状况的服务,包括健康体检、就医服务、生活方式管理、疾病管理、健康教育等。根据定义可以看出，以实时监测评估为基础的健康管理，必然能够给物联网一个大展拳脚的空间。健康管理物联网基本要素应当包括感知层面即健康信息采集终端，网络层面即信息传输通道，分析管理层面即信息分析管理系统，以及应用层面即对被保险人的健康服务。信息采集终端是健康管理物联网的重点，主要围绕着生物计量识别与感应技术，可以通过包括高清摄像头、体重秤、体温计、血压计、血糖仪、心电图仪、血液检测器等在内的多种终端，实现对气色、体重、体温、血压、脉搏、脉象、心率、舌苔、眼球、血液等主要健康指标的全面监测。同时，还可以根据特别需求，配备专门定制的检测设备，如为孕妇提供胎心仪，为婴儿提供温度监控仪等。

其实感应识别技术的应用早已十分成熟，每当身体不适来到医院，只有你想不到没有医院做不到的身体检查项目。但存在的问题是这些设备普遍具有大型化和专业化的特点，所以这些前沿感应技术和专业检测设备只适用于医院。而健康管理物联网要做到的就是以技术的进步带动这些健康检测设备的"家庭化""便携化"及"操作简易化"。目前，许多研究机构和厂家已经开始了积极的努力，如美国 GE 通用电气公司于 2009 年就推出了便携式超声波诊断仪（Vscan——视诊仪），这种设备的大小与手机相仿，包括探针和电池在内重量仅为 390 克，拥有强大的智能超声技术，可辅助医生突破传统临床检查局限，随时随地快速掌握患者体内的可视信息，增加首诊准确率的同时实现患者疾病的早期管理。无论是位于城市的大型医院，还是偏远地区的家中，均可用其进行临床、体检、急救等检测诊断。科技巨头苹果公司于 2012 年推出了全球首款移动互联血压计——"iHealth"，用户只需要把该设备的袖带卷绑在手臂上，轻轻一点屏幕，血压及心率就可即时以数字和柱状图的形式反映在手机屏幕上，再点一次发送键，健康状况的指标就可以及时发送给用户的医生、家人，当然也包括保险公司或健康管理机构的移动互联设备。这种设备佩戴简单，操作方便，还可以在测量过程中反映使用者的情绪变化，跟踪血压的变化，收缩压、舒张压、心率、脉搏、测量时间、平均值等数值一目了然，通过与智能手机 App 的连接可以轻松地做到数据共享，便于健康管理服务者分析具体情况，及时制定最合适的策略。同时由于其与智能手机挂钩的特性，依托这个当代人使用量最大的设备，通过适当的授权，保险公司还能以获得大数据为基础，为每个客户提供精准金融服务。目前小米国产的 iHealth 设备售价在 200 到 400 元不等，并不会对家庭造成负担。在我国，很多医疗电子设备制造商也努力打造自己的品牌,东软公司开始了为社区,特别是农村偏远山村提供"健康监护一体机"的尝试;超思公司推出了手持式心电图仪;英福生推出了基于苹果手机应用的 iGym 个人移动健身房,在"移动健康管理模式"上占得先机;成都乐动公司则推出了健康管理的概念性产品"咕咚",包括智能穿戴设备咕咚手环、咕咚运动 App。通过发达的通信网络——设备与设备间近距离的蓝牙通信,家庭与社区之间无线局域网的连接,被保险人与健康管理部门之间 4G 乃至不久的将来的 5G 网络连接,物联网能够很好地克服空间距离,对各种信息迅速便捷地实行空间传递。同时,在时间方面,物联网能够实现"错时"管理,即医生和患者可以在各自的时间里实现与对方的交流,从而提高时间利用效率。

在获得数据后,则应该由受托健康管理机构对数据进行分析、整理、入档,并按相关协议将其传送到保险公司,保险公司的健康管理核心业务系统根据保险合同中约定的风险事件特征(主要内容包括疾病责任的种类、范畴以及保险额度等)进行分析。对于检测结果,保险公司再从医学的角度结合保险业的特征重新界定医学数据区间的敏感性和特异性,将被保险人分成三类:正常类客户、关注类客户和危情类客户。

在服务应用层面,从经营理念上看,必须将健康保险与健康管理有机结合,因为从根本上讲,人们并不希望得到健康保险的赔偿,因此,要全面导入健康管理的理念,并让更多的人能够真实地感受到他们从保险公司得到的不仅仅是保险保障,更重要的是基于健康管理的专业化服务。保险公司可通过对健康保险理赔人员进行健康管理师上岗培训,也可委托具有健康管理师资质的第三方健康管理机构完成健康管理服务。

首先,保险公司和健康管理机构应针对上述三类客户分别进行针对性的健康管理活动。正常类客户可定义为基于保险合同项下风险事件的发生概率较低。此时,保险公司可以不作为。但如果医疗机构的健康管理数据中显示客户的健康状况不良但与合同风险事件比较不相关时,也应向客户提出相关健康指导意见,将其作为保险公司健康管理的增值服务,以美化市场形象。

关注类客户可定义为客户健康状况不佳,如不进行健康指导或干预,则很可能恶化成风险事件。此时,保险公司应该为这类客户建立电子健康档案,通过建立实时监控系统,动态评价其健康状况。同时聘请有专业资质的健康管理师制订健康管理服务方案,内容应包括:一是针对客户不科学的饮食起居习惯、方式进行纠正指导;二是对客户进行心理辅导,确保其能够积极配合实施预防性治疗；三是增设针对性的健康检测仪器，如定期检测血糖、血压等。此举既可实时监控客户体征，也可让客户即时看到健康状况的改进而增强信心并更加积极配合，以达到"未病先愈""防患于未然"的效果，最终降低保险公司潜在的赔付支出。

危情类客户可定义为客户健康状况很差，多项检查指标显示已成为准风险事件客户，理赔已基本不可避免。针对该类客户，保险公司需立即进行诊治干预，与协议医疗机构合作，在确保客户得到全面、正确治疗的前提下，协作制订合理的治疗方案。方案的制订原则是以主治医生为主导，客户治愈疾病唯上，避免医疗资源浪费，以此控制总费用。当患者病情有所好转，应有针对性地提出运动、康复和治疗方案，确保被保险人体质和健康水平的不断提升。

其次，物联网在卫生体系和健康管理中的应用属于社会管理层面的系统工程，需要政府从社会发展战略的角度加以定位、协同、协调和推动。同时，政府有关部门要尽快制定相关数据标准，确保不同系统的数据能够共享和交换。

在我国保险业的转型过程中，关键是要解决发展模式和盈利模式问题，特别是通过新技术的创新应用去解决。就健康保险而言，这种新技术就是物联网，可以通过物联网的创新应用去实现经营管理模式的创新，包括产品创新、服务创新和管理创新，同时要把这种创新与提高国民健康水平，提升国家卫生总体绩效，实现公共医疗服务的公平供给，完善社会公共服务体系紧密联系。在推动国民健康水平提升的同时，成就我国健康保险业的新发展。

可以看到，在"传统人身险＋物联网"的新型模式下，可以为客户最大限度地做到使其"冷暖自知"，使客户真正为自己的健康负责，并接受最为合理、私人订制的保费条款。而保险公司利用全面感知的物联网技术，由主观判断走向客观理性，能够更有针对性地开发客户、服务客户。更重要的是能够最大限度地降低信用风险，避免合约双方的信息不对称问题，更好地创造收益。

三、物联网与供应链金融

供应链金融是一种在核心企业主导的企业生态圈中，对资金的可得性和成本进行系统性优化的过程。供应链金融解决方案由多方机构参与，包括金融机构、核心企业、链上企业、物流仓储机构以及连接贸易双方和金融机构的信息技术平台提供商等。当条形码、RFID等新技术进入寻常企业，并为企业解决许多棘手问题时,供应链管理的优化和升级已经成为企业进一步追求卓越、增强竞争力的重要手段。在分析供应链金融之前,应先认知一下企业的供应链管理相比传统物流管理的优势。

首先,对于供应链管理而言,企业管理者关注的是物流全程,包括原材料采购、生产加工、销售等所有环节,是产品和服务的一种整体管理模式,链条中的节点企业可以被当作是一个汇总单元,然后运用高度集成的模式来进行整体管理,而不只是将物流环节中节点企业的资源进行简单链接;其次,供应链管理强调和依赖的是一种战略竞争,注重整个供应链的管理成本和市场占有份额;最后,供应链管理协调整合各种合作关系,从而达到较高的服务目标。

有人曾经说,21世纪的竞争将不是个别企业和产品的竞争,而是供应链的竞争。实质上,供应链管理战略的成功实施,必然以成功的企业内部物流管理为基础,外加在物流活动中企业之间的高度融合能力。面临日益激烈的市场竞争,仅靠一个企业和一种产品的力量,已不足以占据优势,因此整体供应链管理具有重要的现实意义。

当前,物联网在供应链管理上的引入,主要是通过物联网技术对供应链节点中的物流信息进行实时获取和把控,对运转流程实现"可视化跟踪",从而达到优化资源配置、降低管理成本、提高生产效率的目的。因此,企业的供应链管理催生了银行业开展供应链金融的动力,这与银行利用供应链中的物流、信息流来实现风险控制的理念是相通的,将对商业银行众多的供应链金融产品带来更多的推广机会。

(一)商业银行供应链金融产品分析

1. 供应链金融的基本内涵

供应链金融与供应链管理密切相关,后者是企业的一种管理方式,前者是银行针对核心企业上下游客户融资需求而提供的一种创新型金融服务,银行通过获取核心企业的相关信息,对其供应链中的上下游企业提供服务,主要的融资服务对象是供应链各个节点上的企业,包括原材料供应商、一级分销商、终端用户等。供应链金融业务关系见图7.13。

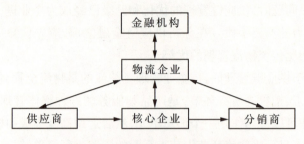

图 7.13 供应链金融业务关系图

供应链金融业务近年来已成为国内商业银行的重点业务之一,这种业务的优势一方面是尽量消除了银企间的信息不对称,注重对企业物流、资金流、信息流"三流"的全程控制;另一方面是引入核心企业的信用,辅加货押、权力质押等风险保障手段,既解决了小微企业融资难的问题,又降低了银行的贷款风险。供应链金融是加强银企合作紧密度的重要融资工具之一,它是基于银行充分了解核心企业与其上下游客户的交易模式、合作紧密度、未来的可持续性等各个方面,来提供一揽子整体金融服务方案的融资模式。银行关注的是在风险可控的前提下为客户提供更多的融资支持。供应链金融业务强调贸易背景的真实性和自偿性;以流程控制、封闭运作的方式,通过对企业"三流"的控制为企业提供融资服务。

2. 供应链管理与供应链金融业务在国内的发展现状

国内企业对供应链管理的实施还相对有限,一方面核心企业虽处于较为强势的地位,但对下游经销商同样由于信息不对称而缺乏时效的监管措施,尤其是销售资金的回流监管存在一定的压力;另一方面核心企业对于其上游供应商的应付账款居高不下,也损害了供应商的利益。因此,供应链管理的优化将对整个供应链上的相关企业带来益处。

国内各家商业银行针对企业的供应链管理需求,相继推出了多样的供应链融资产品作为未来业务发展的方向。从供应链金融产品的实际应用来看,目前国内商业银行主要推出以下供应链融资业务。

(1) 预付类。预付类业务是以买卖双方签订真实贸易合同产生的预付账款为基础,为融资申请人提供及时的融资服务,主要用于交易合同项下,申请人购买物品需要的资金,还款来源于申请人实现销售回笼的资金,其他还款来源于交易对手所提供的差额退款等保障措施。国内银行推广的产品有保兑仓、卖方担保买方融资业务、国内买方信贷、银票承兑及贴现、国内信用证开证等;另外国际供应链融资产品包括进口控货开证、打包放款、订单融资、进口押汇等。

（2）应收类。应收类业务指以买卖双方签订真实贸易合同产生的应收账款为基础，为上游卖方作为申请人提供的融资服务，主要用于交易合同项下，以满足卖方提出的资金需求，还款来源于卖方在销售合同项下所产生的应收款。产品主要包括国内保理融资、应收租赁款融资、国内应收账款质押、信保项下的押汇、福费廷业务等。应收类供应链金融业务项下，核心企业既能帮助银行有效控制风险，同时又能向银行推荐上游优质客户，并实现客户的成片开发，减少营销成本。因此，核心企业是国内应收类供应链金融业务最为主要的切入点。凭借核心企业的经营实力和偿债能力，应收类供应链金融业务有效解决了上游供应商的融资难问题，对于核心企业而言，要求按银行指定的账户付款就可，也体现了对上游供应商的议价能力，既稳定了一批上游客户，又能降低核心企业的还款压力，同时又控制了银行的风险，实现了多赢的效果。

（3）存货类。包括标准仓单质押、非标准仓单质押、动产质押等贸易融资产品。存货类业务是供应链金融业务的基础业务和核心业务，同时存货类业务对银行风险管理水平要求较高。在行业选择上，各大银行优先选择当地具有比较竞争优势的行业，尤其是涉及大宗商品的行业作为开展存货类业务的重点行业。同时，应注意适当控制行业集中度，逐步由钢铁等存量业务较大的行业向汽车、粮食、酒类等行业倾斜，促进存货类业务在各行业的协调、均衡发展。

在客户选择上，银行着眼于重点行业内的重点企业，尤其是生产型企业。对于贸易型企业，选择经营年限较长、行业经验丰富、管理人员素质较高，并与大型生产企业有着长期供销关系的贸易型企业作为服务对象。

3. 国内商业银行线上供应链金融业务的开展现状

随着现代网络的高速发展，商业银行开始越来越深入地挖掘网络带来的机会。近年来，已有包括招商银行、平安银行(原深发展)、中信银行等在内的多家商业银行推出了新兴的金融产品，那就是线上供应链金融服务产品。这种产品力图通过互联网系统和数据的整合，满足供应链融资客户时效性要求高的需求，解决供应链融资业务单据量大带来的信息不充分等问题，将整个供应链生态中的企业全部囊括其中。

其中，招行推出了"智慧供应链金融平台"，同时平安银行推出了"供应链金融平台"，为商业银行实现将供应链金融业务从"线下人工"到"线上智能"的转变提供了样本。

(1）招行"智慧供应链金融平台"。该平台是招行将供应链、金融、数据三者整合的产物，依托技术优势，汇聚行业资源，满足各个链属企业的金融服务需求，创建全维度的服务架构，集合信息、创新、融资等方面的服务。该平台对核心企业及上下游客户、监管方等相关信息提升了管理层级，实现了"三流"信息的汇总，从而为客户量身定做金融产品。

"智慧供应链金融平台"具备四大功能：

一是平台和供应链中各主体系统直连，平台能够将信息分类并传送到链条各个环节中的成员。

二是平台依托贸易背景下大量真实数据的支持，通过对供应链中的"三流"信息的处理，对信用风险进行自动识别，对系统进行风险控制，彻底改变了以往传统的"三查"方式，既传承了商业银行本来的贷款审查、审批模式，又能将业务流程全部搬到网上，用线上智能处理的方式对客户的风险进行把控。客户在网上就能提交贷款申请，额度的大小也可以由客户在网上自行试测；随后客户在满足银行审批条件的前提下，可以由平台自动生成审批通知书，并实行网上放款。

三是智慧平台可以让客户在线整合供应链商流信息、物流信息和资金流信息，为客户网上管理供应链及企业管理者的决策提供依据。另外，平台还可为客户提供在线发送订单、在线提货、在线融资随借随还等服务。

四是智慧平台不但支持基础的供应链金融产品，而且创新了产品模式，不仅使用传统的基于供应链某个环节上的单维产品分类，而且向"货权—账款、现在—未来、静态—动态"三维分类产品转变，供应链产品将会体现新的时代特征。

"智慧供应链金融平台"的功能在运营中得到良好体现，供应链中的核心企业，既可以通过网上银行账号来实现连接，也可以将自己的财务相关系统与招商银行的系统相连；供应链核心企业的上下游客户都可以在线申请金融各项服务；申请融资的主体与招行签订一份供应链金融服务协议，就能以企业的网上银行账号登录，在线申请融资。

招行的智慧平台实现了系统一次性开发、自动放款的功能，也就是说客户输入的信息在完全满足招行的审批要求后，系统会做到线上自动审批项目，并将信贷资金打到企业的账户上，做到封闭全线化运作。这项运作属于智慧供应链的现代化金融服务。招行研发这个系统付出了大量的人力、物力，在充分调研的基础上，将申请贷款的客户信息数据与银行的贷款参数进行自动对比分析,同时核心企业通过端口对接信息,最终由招商银行系统平台完成信息确认流程。

智慧平台容易为供应链客户提供差异化服务。智慧平台可以根据客户的具体要求,对系统进行相应调整,由于系统具有良好的扩展性,不需要重新开发,因此这种调整成本较低,招行能实现较高的收益。

招行目前在业内推出了适应市场需求的多个供应链服务平台,其中电商平台的搭建具有开创性的现实意义,给线上的客户带来了全新的服务体验。

(2) 平安银行的"供应链金融平台(SCFP)"。平安银行实现的全流程供应链融资业务完整地向网络平台迁移,为了在全行范围内大力使用线上供应链,平安总行在线设立了网络事业部,并将其作为全行贸易融资业务的下一个刺激增长点。据平安提供的数据来看,超过一半的传统供应链客户已经转到线上来申请服务,有四千家以上企业正在享用线上的融资服务,显示了供应链金融的升级取得一定成果。

线上供应链的实现主要有两方面意义:一方面实现了端口的开放,将供应链上各个主体所具有的信息和想要得到的信息都加以整合,最大限度地解决了信息不对称问题,使信息做到公开化、阳光化;另一方面让融资需求方实现在线上完成各种申请的复核,在线上获得融资。在产品方面,平安线上供应链金融涵盖了预付线上融资、存货线上融资等多个产品与服务。在银行的线上融资平台上,企业可自主完成供应链金融服务的各个操作流程。

(3) 线上供应链金融的价值。随着大数据和信息网络技术的应用,线上供应链业务在银行中的利用越来越多,对于企业和商业银行的影响极为深远。网络技术的进步让银行的传统供应链金融服务显示出越来越多的缺陷:一是传统供应链金融采用手工处理的方式,比较烦琐;二是工作效率低,银行服务响应客户需求的速度慢;三是传统方式由于获取信息的维度不够和速度缓慢而容易造成高风险。从根本上说,传统供应链出现这些问题的原因在于没有将企业信息与银行金融服务高效整合。信息获取和数据处理技术的进步为传统供应链金融的升级提供了条件,面对激烈的市场竞争,商业银行也有动力进行线上供应链金融的尝试。

从招行和平安线上供应链金融平台的功能规划可以看出,线上供应链金融的核心在于通过平台实现银行与供应链中的核心企业及其上下游客户、物流活动相关信息的全程对接。对于银行来说,通过平台,不仅可以实时获取供应链企业的信息数据,还可以通过对数据的挖掘,分析企业的资信状况和需要的金融产品，将供应链金融的应用进一步扩大。

线上供应链金融的更大价值可能在于它对商业银行业务处理方式的改变。随着线上供应链金融服务经验的积累，银行与客户在信息交流、业务办理、运营操作中的连接将更加成熟，在线信用审核、在线出账和在线贷后管理等工作流程也将更加完善，公司业务批量生产的能力和成本优势会逐渐显现。在一定条件下，线上供应链金融的技术和平台会逐渐扩大覆盖范围，有望成为中小微企业综合金融服务平台。

（二）物联网技术对供应链金融带来的影响

1. 物联网新兴技术能够降低供应链金融业务的操作风险

物流企业的货物商品通过物联网信息传感设备，按约定协议，即可以实现对货物的智能化管理。这对供应链金融发展将产生三方面影响：一是基于物联网构建的新物流供应链，可为供应链核心企业和银行带来巨大商机；二是借助物联网核心技术手段所实现的对商品"可视跟踪"技术，可扩大核心企业下游客户存货融资范围；三是凭借物联网"可视跟踪"技术，可有效监管下游客户销售信息，大大降低金融机构对质押货物监管的工作强度。因此物联网技术的发展必将对物流企业信息化带来革命性变革。

物联网等新技术运用在供应链业务的货押融资上。有些产品比如白酒作为货物质押不太适合，因为酒的来源难以确定，真假难以辨别；近年来国内商业银行比如平安银行尝试将溯源技术运用到五粮液成品酒的货押业务中，通过这种技术获取酒品的真实信息，使银行能在有效控制风险的基础上，为客户提供融资支持。

近年来钢铁贸易行业的经营问题直接导致了银行业不良资产的增加，同时在企业的动产质押、仓单质押中暴露出大量的风险，究其原因就是银行对于质押的信息失控，从而出现了虚假质押、重复质押、质押物失踪等一系列问题。那么通过物联网的运用，就可以实现对动产和仓单的全流程监管，让动产的信息具备了可控性，改变了供应链金融的模式，现在诸多商业银行正在考虑借助物联网溯源技术来增加质押品的种类，从而做到既能控制风险又能扩大供应链金融业务的发展。

2. 物联网新兴技术的使用进一步扩大了供应链金融中金融机构的服务范围

金融机构在供应链金融服务方面利用物联网的技术支持，还可以为客户提供若干中间业务，包括财务管理咨询、资金归集管理、应收账款管理、网银结算等服务。银行可以根据供应链上各个节点企业的经营状况、偿债能力来设计金融服务方案,在减少企业财务成本的基础上为客户提供融资。

物联网技术为最大限度消除银企之间的信息不对称提供了平台,既有利于银行为供应链中的核心企业提供金融服务,又能为供应链中的小型企业提供金融配套服务,加大链属企业的资金封闭运转效率,增强银企之间的合作紧密度。

3. 物联网的推广将不断加大供应链金融业务的发展

基于实体经济的供应链金融业务正逐步取代传统贸易融资业务,成为市场主流发展方向。在当前和今后一段时间,利用物联网技术来加快发展供应链金融业务,不仅是促进银行金融业务发展模式和盈利模式战略转变的重要手段,也将为银行金融业务开辟新的发展空间,其重要性和迫切性日益凸显。

加快供应链金融业务发展,将是银行目前乃至未来长时间内银行金融业务最大的新增长点,该业务有助于促进银行与大型企业集团、行业龙头企业及其上下游企业集群的全面、深度合作,是加强银行客户基础建设的重要抓手;有助于促进银行产品创新和流程再造,健全和丰富银行产品体系,是银行金融产品竞争力提升和流程银行建设的助推器;有助于改善银行信贷资产结构,提高资产流动性,提高银行资本使用效率,成为银行各项金融业务稳定、均衡发展的重要推动方式。

物联网技术为供应链金融业务的未来创新提供了信息载体,随着电子网络业务的愈来愈发达,物联网将和供应链金融处于良性互动的发展态势。

四、物联网与跨境贸易

据统计,2009 年时中国的物联网产业规模为 1 700 多亿元,2016 年已超过 9 300 亿元人民币(合 1 420 亿美元),年复合增长率超 25%。《物联网发展规划(2016—2020 年)》提出,到 2020 年具有国际竞争力的物联网产业体系将基本形成,包含感知制造、网络传输、智能信息服务在内的总体产业规模将突破 15 000 亿元。与此同时,经济全球化的趋势不可逆转,世界是一个不可分割的市场,国际电子商务的崛起为物联网技术提供了广阔的应用领域和市场机会。特别是物联网技术的智能识别、定位、追踪、监控和管理功能,对于有效克服跨境电子商务发展中的诸多难题,助推跨境电商的深化普及与长远发展将发挥重要作用。

（一）物联网技术应用对改善跨境电子商务的重要影响

1. 物联网可提升产业供应链的跨境配套能力

利用物联网技术，结合国际贸易的运作特点，可以减缩贸易货物的供应链，继而快速地实现国际贸易的商品流转。近年来，重庆在国家相关部委扶持下，仅用3年时间便将惠普、宏碁、华硕、思科、方正等品牌电脑生产商引入当地，并获得蓬勃发展。2014年，重庆共生产电脑、显示器、打印机、网络通信产品等近2亿台（件）。其中，在全球笔记本电脑出货量萎缩5%的背景下，重庆凭借强大的集群效应逆势增长15%，达6 100万台，占全球总产量的三分之一，成为全球最大的笔记本电脑生产基地。重庆之所以能成长为世界级的笔记本电脑生产基地，正是得益于物联网技术及其在电子商务交易中的广泛应用。目前，重庆有能力通过物联网电子商务交易平台，面向世界范围动态采购，实现笔记本电脑80%的零件配套率。运用物联网技术可降低成本损耗，参与国际贸易电子交易的买卖双方企业能有效地提高整体的经营效益。

2. 物联网可有力拓展跨境电商的市场容量

借助物联网RFID技术，可以为每一种、每一件商品设置自己的"身份证件"，商品产地概况、商品集散分布、贸易优惠条款等都可以即时、方便地查询与获取，可提高商家的公信力，保障产品的质量，有力拓宽国际贸易电子商务交易的数量和质量。有鉴于此，早在2011年3月，为提高义乌小商品批发市场的信息化水平，拓展电子商务和服务领域，义乌国际商贸城便推出了小商品二维信息码，将义乌的小商品批发产业悄然带入物联网时代。目前义乌小商品批发市场的商品已辐射到全世界212个国家和地区，出口量占到了年成交额的60%以上，市场内超过60%以上的商户承办过外贸供货业务，其年外贸出口额也已超过400亿元。显然，若能将义乌小商品批发市场中超过50 000家的商户全部纳入物联网国际电子商务交易平台，其外贸产品种类还将增加，外贸范围也将继续扩大。

3. 物联网可有效提高跨境电商结算的安全性

实现了电子商务化的交易运作之后，国际贸易也越来越多地利用网络技术来简化商品交易流程，提升商品交易效率。而通过在电子商务领域运用物联网技术，不仅可以将原有的线下交易转移到线上平台，仅仅需要贸易双方的信息、指令交换，即可完成原先复杂、烦琐的操作流程，而且也能够实时监控商品贸易的整个交易过程，便于参与双方即时掌握商品流转的状况，一旦出现突发问题，也可以据此迅速做出合理的解决。这就极大地简化了传统国际贸易交易的既定流程步骤,以更为快捷、有效的动态机制,确保了贸易货物的即时发货、物流配送、价款交易等,大大缩短了贸易交易的时间,使得国际贸易显得更为智能、便捷。2017年我国通过海关跨境电商管理平台零售进出口总额达到902.4亿元,同比增长80.6%。增长之所以如此迅速,与将物联网运用于跨境电商结算有密切关联。

4. 物联网可为跨境电商客户提供信息安全保障

以往的国际贸易交易是由经营者与消费者面对面进行,而电子商务的出现则在一定程度上改变了这种传统的交易模式。然而此种交易模式具有一定的开放性,不能有效确保客户的信息安全。在电子商务交易兴起之后,国际贸易也迅速实现了电算化,在得到物联网技术的支持之后,其将之前烦琐的商品物流、价款给付、债务清偿等操作流程,全部转移到物联网平台之上。参与贸易的客户双方能够更为简便地查询对方的商品物流、价款给付、债务清偿等内容,而不必再指派专人进行询问、记录。同时,参与客户群体也可以通过设置账号、密码,使得自身拥有查询、修改的权限,并有选择地屏蔽掉一部分不能公开查看的贸易交易内容,使得客户群体的核心商业机密不被泄漏。例如,食品的进出口,人们最关心交易食品是否变质、腐坏、被污染,以及是否被诈骗,而运用物联网系统的RFID技术、无线传感技术、GPS定位技术、互联网技术及数据库技术,采用智能交易器,就可将各个节点有机地结合在一起,对食品进出口中的运输、仓储、包装、检测和卫生等各个环节进行监控、追溯,能够有效防止交易食品的变质、腐坏、被污染及在食品交易中被诈骗。

(二)"物联网+跨境贸易"应用案例

江苏跨境电子商务服务有限公司(以下简称"江苏跨境")于2013年12月由南京海关数据分中心全资子公司江苏知贸网络科技有限公司与南京三宝科技股份有限公司共同出资成立。作为三宝科技旗下,并且是中国海关唯一的混合所有制企业,江苏跨境以政府采信、电商通关、企业创牌、消费者溯源为服务目标,基于"物联网""云计算""大数据"技术,为进出口贸易提供一站式外贸综合服务,力图使跨境贸易变得更加便利(图7.14和图7.15)。

图 7.14 江苏跨境"贸互达"业务流程图

在实际外贸业务中,总是包含着各项纷繁复杂的进出口业务环节,包括报检、国内运输、报关、国际物流、保险、结汇、出口退税等,这些流程往往令专注生产产品而缺乏一定社会资源的中小微企业头疼不已,如果均由企业自身经营必定造成过重的负担,而交给传统的出口代理商则意味着较高的服务费用支出,无形中提高了企业成本。江苏跨境旗下产品"贸互达"是一款专为外贸中小微企业提供通关、外汇、退税、物流、金融等服务的一站式电子商务外贸综合服务平台,为具有相关代理需求和金融需求的企业创造了一条"绿色通道"。产品至今已为千万企业提供服务,平台规模达百亿级体量。

图 7.15 江苏跨境服务模式图

依托于母公司三宝集团,江苏跨境能够为企业客户的跨境贸易实现物联网技术的全覆盖。在物流阶段,以 GPS 技术和无线传输技术为基础的"贸互达"可以全程跟踪运输状态,确保货物安全到达。在通关退税阶段,基于 RFID 等技术在全国各口岸为客户提供快速通关服务,电子标签中储存了集装箱中货物的各种状态信息,只需驶过读取设备即可快速获取信息,大大提高了过关效率。同时,公司拥有一支具有实际操作经验的专业通关团队,借助开放平台优势和多年累积的业务经验,已拥有2 000多万条商品归类资料、9 000多条税则、1 900条反倾销条例,能快速解决外贸企业遇到的出口退税等错综复杂的问题,堪称企业身边的保姆式专家。出于专业化的业务要求,平台还与多家银行合作为客户提供电汇、信用证、托收等多种高效安全的外汇结算服务。此外,平台还简化退税操作程序,单据齐全后三个工作日内即可获得退税融资款,加速企业资金周转。在保证快速通关、结汇、退税的前提下,平台还不收取任何服务费用,帮助企业降低运营成本。

除此以外,以强大的物联网技术作支撑,平台能够对企业货物做到了如指掌,化无形为有形,增加了外贸交易的确定性,为提高企业信用添砖加瓦。由此推出了多项金融服务,包括信用保险、锁汇易、赊销易和信融易等。其中,利用信用保险企业可委托"贸互达"投保,防范买方(开证行)破产、拖欠、拒收风险,及买方国家政治风险,保障卖方收汇安全。由于平台可以最大程度掌握客户真实经营情况,真正做到按需按票投保,因此可避免道德风险,降低保险费率。

利用锁汇易,中小企业可委托"贸互达"与银行签订远期结汇协议,通过约定未来结汇或售汇的外币币种、金额、汇率及交割日期,从而提前锁定委托方利润,减少因汇率变动带来的损失。具体服务流程如图7.16。

图7.16 "贸互达"赊销易业务流程图

赊销易主要针对非信用证支付方式,出口企业接到赊销订单后,由"贸互达"垫付出口供应商最高80%的应收货款,买断该部分的收汇风险,极大地增加了企业的周转资金。产品的收费标准如下:

总收费 = 融资服务费 + 中信保投保费 + 资信调查费

融资服务费 = 融资金额 × 服务费率 × 融资期限

服务费率 = 0.035%/天

融资期限 = 还款日期 - 放款日期(最低30天,最高120天)

如买家发生逾期,则逾期30天、60天、90天分别上浮服务费费率30%、40%和50%,即0.045%、0.049%和0.053%。

中信保投保费 = 应收款总金额 × 综合保险费率

应收款总金额＝出口发票金额－预收款金额

综合保险费率＝0.5%

资信调查费＝800元/户（在赊销额授信额度申请前向客户收取）

信融易是"贸互达"针对信用证交易中出口企业面临的主要问题推出的综合金融服务。服务涵盖信用证基础业务、信用证买断两大服务模块,可按需灵活选择。任何涉及信用证交易的客户,均可适用。具体服务流程如图7.17所示。

图7.17 信融易业务流程图

一方面,这些金融产品帮助企业实现与金融机构的对接,方便、快捷地接受全方位的金融服务。另一方面,银行等金融机构又透过"贸互达"这样一个连接着上万家中小微外贸企业的数据平台,快速、准确地定位有效需求,将形形色色的金融服务实时在线传递给企业。

跨境电子商务在经济全球化环境下对国家的对外贸易发展起着重要作用,但当其发展至现代化贸易环境下时,实现物联网技术的应用是顺应时代发展潮流,并在物联网技术同现代化贸易环境相契合的状态下,对于实现跨境电子商务模式升级具有显著促进作用。但在发展的同时仍有一些亟待解决的问题,如必须优化物联网产业发展,降低应用成本,政府必须制定物联网技术产业的中长期发展规划,推进行业内部的系统整合,加强相关企业的技术协同,优化物联网产业发展格局,降低其应用成本;必须加强物联网技术研发,确保信息安全,防止跨境电子商务中的商业机密乃至国家机密发生泄漏;同时,必须推进海关监管模式变革,提高通关效率,可将海关的清关检验程序一起纳入物联网之中,让海关依靠物联网的职能识别、定位、追踪、监督和管理功能,实现监管模式转变,从而简化清关检验程序。

五、物联网与钞箱管理

（一）钞箱管理的现状及问题

物联网在运钞管理的应用方面，可将银行传统的运钞业务的安全运营有效地管理起来，为银行等金融机构提供运营效率更高、可视化程度更高，操作更便捷、更安全的服务。具体来讲就是通过对车、枪、钞票、钱箱等运营流程中重要物品的数据采集与信息交互，并经过数据分析与处理达到钞币在整个流通过程中的实时状态监测。对于银行而言，传统的业务产品、运作模式和服务正面临着诸多挑战和压力，包括不断加剧的同业竞争、市场化的利率、极速发展的移动互联和移动支付。银行转型升级迫在眉睫，可通过引入物联网技术来满足银行控制运营成本、提升运营效率、提高运营安全水平的转型升级要求。

随着居民消费水平的提高，现金业务量的增大，我国对金融行业服务水平的要求越来越高。为此，我国金融服务业一直在耗费着大量的人、财、物进行运钞工作，但是效果却不尽如人意。主要存在以下几点问题：①运钞车缺少安防和通信设备；②押运员没有严格遵守停车时间、行驶路线等相关规定，导致运输过程出现漏洞；③押运员素质良莠不齐，可能出现监守自盗的问题。

（二）物联网技术在运钞管理中的应用背景

面对严峻的治安形势和相对薄弱的银行运钞安全防范体系，有必要引入物联网技术改造现有的运钞业务，切实减少货币流通环节，提升安全性，从而提升公众对人民币的信心，维护金融秩序稳定，使金融服务走上专业化的成功之路。

通过对钞票物流管理业务在软件架构上统一完整的部署，实现智能化运钞管理平台。通过平台下属的一系列传感设备对数据进行实时采集，对其资源数据进行更新、部署、分析，提供最新的钞票感知信息，提供钞票感知设备物物相联数据接口，从而实现钞票信息的精细化、数字化、职能化管理。同时平台提供开放的信息接口，实现不同系统之间信息的交互。平台共有三大层级，分别为数据采集感知层、数据通信层和应用处理层。

1. 数据采集感知层

数据采集感知层应用了 RFID（射频识别）扫描技术、GPS 定位技术、手持式移动终端等物联网技术，实现对现金钞票的自动感知。数据采集感知层包括了所有的钞票处理设备（包括智能捆扎带、智能钞箱、点钞机、验钞机、

ATM、迷你手持终端等),这些设备具备对现金钞票的信息感知能力,可以实现对现金钞票的感知和处理,并互联形成一个完备的钞票物流处理的底层基础。这一层主要实现信息获取功能,利用各种金融终端设备进行定位和信息导入,然后结合智能货币信息采集系统,对各种货币信息进行识别,采集最新的货币(识别)信息。例如通过点钞验钞机得到的钞票面额,加钞过程中的钞票钞箱信息,用户交易信息,以及终端设备,如押钞车上的车载报警终端、PDA终端等汇集来的各种相关信息,联结起来形成信息采集与控制网络。

2. 数据通信层

这一层主要实现物联网接入。数据层对网络互联数据进行融合前的预处理,通过网络设备接入核心网络,实现信息传输功能,包括信息发送、传输和接收等环节,最终完成把终端状态及其变化方式从空间(或时间)上的一点传送到另一点的任务。使具有标识、虚拟个性的现金物流参与者运行在智能空间,与用户、社会和环境进行连接和通信。此部分的研究重点在于,明确网络中各种不同接入及各节点间的接口和协议,进一步完善和优化网络结构。

3. 应用处理层

该层主要是通过 GPS/北斗卫星定位系统、RFID 电子标签、手持式移动终端等物联网关键技术在现金物流中的应用,实现现金物流智慧化管理。基于物联网集成平台,将现金调拨、现金押运、清机加钞、现金清分等全过程所产生的数据集中管理起来,进而实现各个系统计划调度、全流程的可追溯跟踪、实时监控、批量交接和扫描,以及为实时决策提供数据等功能,可大大提升运行的安全性及运营效率。

图 7.18 为物联网化的人/钞管理流程图。整个流程由银行、物联网监控平台、运钞员/运钞箱三大主体所组成。完整的人/钞管理由五个步骤所组成。第一步,银行向运钞员下达运钞任务,并规定其行车时间、路线等要素;第二步,银行向物联网监控平台传输监控任务;第三步,由物联网监控平台实时监控运钞员/运钞箱的行进时间、路线、停留地点等关键信息;第四步,安装在运钞员/运钞箱上的 RFID(射频识别)技术扫描芯片、GPS 芯片、手持式移动终端等设备实时向物联网监控平台回传数据,由物联网金融平台对数据进行处理,并判断运钞员/运钞箱的行进路线、时间、停留时间、地点等信息;第五步,物联网监控平台实时地向银行反馈运钞员/运钞箱的信息,若该信息与银行设定的信息不一致,则立即触发报警机制。

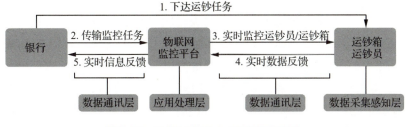

图7.18 物联网化的人/钞管理流程图

（三）引入物联网技术后的优势

对于传统的运钞业务所产生的一系列问题，物联网技术都可以提供相对应的解决方案。通过定制模块化的传感器和通信设备，实现运钞车行驶的全程可监控，并且能够在出现紧急情况时及时求助于稳定可靠的通信设备汇报险情。通过对运钞车驾驶室、运钞员手持终端设备、运钞员身穿特制衣物的追踪，可实现对运钞员严格遵守停车时间、行驶路线等相关规定的监控。通过定制RFID技术的钞箱，使其在特定的时间、特定的地点才能被打开。一旦系统检测到钞箱没有按照设定的路线移动，则会触发钞箱的报警系统和自动锁死系统。综上所述，在钞票的整个流通环节，通过物联网技术可以有效地将车、枪、钞票、钱箱等重要物品管理起来，从而达到集中控制和精准管理的目的。

（四）发展前景

用现有的物联网技术代替传统的人工处理模式，可以大大提高现金处理效率，降低服务误差率，并且节省大量的人力资源，降低现金处理成本，提高工作生产率，从而能够实现钞票流通的"信息流、现金流、物流"三流合一，促进服务优化、管理优化，在银行业具有广阔的发展空间。

六、物联网与移动支付

（一）物联网支付现状

手机的出现给人们的生活带来了颠覆性的变革，从最初的个人通信设备，到现在几乎无所不能的多媒体信息和智能操作终端，智能手机已经成为每一个现代人的标配。智能设备的不断强化，使纷繁复杂的程序能够在手机上运行，人们可以在iPhone上编辑多媒体信息，或者运行大型游戏。移动通信网络的不断革新升级，使得人们可以跳出从传统媒体获取信息的禁锢，扯断网线,在上班的路上边喝咖啡边阅读昨夜的新闻和今天的会议安排,也可以在沙滩上晒着太阳浏览电商平台购买喜欢的泳衣。强悍的硬件基础带来越来越多的用户和越来越深的用户依赖度,而用户的青睐带来的是内容和服务提供商的庞大市场和无限商机。手机支付便是在智能手机不断强化的过程中诞生的一项衍生服务,手机是能够接收信息、处理信息并发送信息的设备,这恰恰契合支付的过程——接收商品信息、输入操作、发送支付指令,最终完成支付。

手机支付可以被定义为通过移动网络或其他技术手段(如 RFID 技术)实现资金从支付方到收费方的一种支付方式。手机支付按具体实现方式大致可以分为五种:①移动话费代收费;②手机银行卡捆绑缴费支付;③手机上网通过银行或第三方支付;④手机钱包在线支付;⑤基于 RFID 的手机非接触式支付。

前两种手机支付方式尚停留在互联网应用的阶段,如今早已不再为人们所关注。第三、第四种方式,也是时下使用最广泛的手机支付形式,即通过手机银行或第三方支付平台绑定银行卡直接消费,或先在平台充值,后使用余额消费的形式。而大名鼎鼎的二维码扫描支付便是这种支付方式结合物联网应用最广为人知的接入口。对于第五种支付方式,由于其最为方便快捷的特点,被认为是未来市场规模最大、最受客户青睐的支付方式,也是厂商发展手机支付产业的重点。但受制于大量设备的更新带来的高额成本及安全性能的进一步考量,目前尚处于起步阶段,下文将进一步讨论。正是这后三种支付方式,能够真正结合物联网得到广泛应用。

(二)"物联网+"模式下的移动支付

1. 二维码支付

目前,提到移动端的手机支付,最先映入眼帘的一定是打开支付宝或者微信,通过扫描二维码,完成支付。这种方式即省去了持有现金的不便,又免去了找零的麻烦。那么在这样的场景中,扫描二维码充当了什么样的角色呢?如果说商品是一个满足人某一需求的房间,付款是这一房间的房门,那么二维码可以看作是打开这扇房门的钥匙。

二维码,作为物联网信息识别领域的关键技术之一,早在 20 世纪 90 年代就已经形成。当日韩普及率达 95% 以上时,二维码支付才刚刚在国内兴起。二维码于 2006 年被正式引入中国移动通信增值服务。得益于移动网络的加速建设和移动终端技术的提升,二维码存储、解读、处理和传播信息的作用在日常生活和金融支付中越来越大,产生了形式丰富的各种手机二维码移动增值服务。二维码支付在现实场景中最多应用于存储商家、商品信息,顾客通过扫描二维码,选购相应产品并将资金转入相应的账户。比如,顾客可以在餐厅的二维码菜单中查看菜谱进行点菜,饭后可以通过手机扫码支付,真正实现"入座"用餐;在超市中,顾客通过手机扫描商品二维码进行自助支付,不必排队付款。在线上交易支付环节二维码存储电子交易或支付信息,用户使用移动终端扫描进行资金转移。支付宝作为领先水平的第三方支付平台已经包含二维码支付功能,在网上购物以及缴纳费用时,网站生成存储交易信息的二维码,消费者在支付宝手机客户端扫描后直接将所需资金从自己的账户转移到指定账户。

运用二维码支付的优势在于,以二维码为载体,存储商户和用户信息及支付信息等,用户只需提供可以扫描的移动终端、绑定可供支付的账号即可,这减少了交易过程中的现金使用量,方便用户进行大额转账、小额支付、临时支付;二维码支付可以适用多种移动设备,生成方式简单,商家与银行或第三方支付平台利用其与移动终端的结合,在新用户支付过程中发展新用户,推广自己的产品,建立新型的营销渠道;通过扫描二维码,绑定客户,实行会员制,发布优惠活动及产品信息,引导用户消费,大大加强了客户粘性。

财付通和支付宝作为移动端支付两大巨头,目前对市场处于垄断地位。数据显示,2017年第一季度,中国第三方移动支付市场交易规模达到188 091亿元,其中支付宝占比53.7%,财付通占比39.51%。两者占据了九成以上的市场,双寡头市场显而易见。如果说微信是以社交圈为用户基础,以朋友圈红包为零钱切入口,那支付宝则是以划时代的余额宝而积累了海量的用户群。这种聚沙成塔、集合理财投资的形式,以及允许随时支取的货币基金特性,迎合了现阶段大众急于寻求较高收益理财渠道的心理,一时间成为金融界的香饽饽,被各大银行、第三方支付平台争相模仿。用户愿意将多余的闲钱放入余额宝的原因归根结底就是因为它较之普通的银行活期存款利率高出太多,而又像活期存款一样可以随时随地消费、转账,不必受到协议期等的约束。而结合前文中方便快捷的二维码线下支付方式,形成了理财、消费两不误,收益性和流动性兼备的近乎完美的金融服务。可以看到,简单的物联网应用——二维码,在支付宝的金融服务链中扮演了分流出口的角色,它使得普通大众在得知自己能够随时消费的前提下,放心将少量的原本用来确保流动性需求的那部分资金也"乖乖上交"。而金融机构将这些单独看来"无关痛痒"的资金集合起来，获得巨量的资金流，一部分投资于流动性较高的货币市场基金，而另一部分可以用于投资流动性较低但收益性更高的市场，从而获得扣除用户利率后的一部分超额收益。这种"众人拾柴火焰高"的普惠金融模式，也许是未来银行等传统金融机构可以借鉴的地方。

2. RFID-SIM 卡

有人说真正代表移动端手机支付未来的是 RFID-SIM 卡（简称 RF-SIM）。RF-SIM 卡，顾名思义，通过将 RFID 芯片嵌入标准的 SIM 卡中，从而既具有普通 SIM 卡一样的移动通信功能，又能利用 RFID 卡发挥近场识别信息交换功能。RF-SIM 卡是物联网领域的关键技术之一，是一种 RFID 技术向手机领域渗透的产品，是一种新的手机 SIM 卡。RF-SIM 卡能够扩展至各种日常领域，尤其是手机现场支付和身份认证功能，具有十分广阔的应用前景。

日本的手机普及率在世界上处于领先地位，在手机功能和增值服务上也处于较高水平；同样，在手机支付方面无论从应用模式还是从普及程度来说，目前也都处于世界前列。

日本手机支付采用以运营商为主导的商业模式，从其国内最大的移动电信运营商 NTTDoCoMo 公司在手机支付领域的成功来看，运营商采取的策略尤为重要。

首先在手机支付的技术方案选择上，采用了在日本已广泛使用的 FeliCa 技术。FeliCa 是由索尼公司开发的非接触式智能卡，名称取自英文字母 Felicity（幸福）和 Card（卡）的开头字母。FeliCa 内置了存储器和无线通信芯片，一张卡可以管理多个种类的数据，只需放在读卡终端即可进行费用的结算等多种数据的处理，故可以用来制作兼有电子货币功能的公共交通设施预付卡、公司职员证、学生证、入退室管理的 ID 等功能的卡。且由于卡内没有电池等电源，构造很简单，也防止了电池用完就不能使用的尴尬情况。当时 FeliCa 技术在日本应用已经非常普遍，用户已经有了很好的感知，在安全性上也得到用户认可，在这个基础上平滑地把该技术植入手机中，无疑为推广工作扫清了许多障碍。同时得益于 FeliCa 技术的广泛使用，其读卡器的基础设施铺设也已经有了一定的基础，用户能够在各种场景享受到 RF-SIM 卡的便利。

再者，日本手机支付的各参与方在手机支付中达成了共赢的局面，因而能够积极参与到手机支付业务中，促进手机支付的发展。日本的手机支付产业链和业务流程如图 7.19 所示。

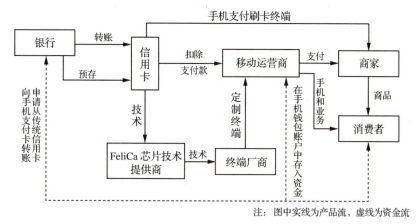

图 7.19　日本手机支付设备服务流程

图 7.19 详细描绘了日本手机支付设备(服务)流和资金流。通过对这两个流程的分析,我们可以看出日本手机的具体模式为:

(1) 移动运营商向设备提供商定制可用于手机支付的终端设备后,再销售给手机支付用户,其手机支付账户由移动运营商负责加载。

(2) 用户在手机钱包账户中预存资金,在商家的 POS 机上进行刷卡消费,信息经后台系统传递至移动运营商,由移动运营商负责从手机钱包中扣款,向商家支付款项,并收取手续费。

(3) 用户也可申请把传统信用卡与 RF-SIM 卡进行绑定后,从传统信用卡向 RF-SIM 卡进行转账或充值,当消费时,支付信息通过 POS 终端读取后经后台系统(第三方平台)传至银行系统,由银行进行扣款并向移动运营商支付。银行收取相应的手续费。

从以上模式可以看到,当用户向电子钱包中预存资金时,运营商可以得到大量免息现金,通过合理的运作将给运营商带来可观的收益。而便捷消费手段必然会起到刺激消费的作用,给商家带来更多的顾客,因此商家也心甘情愿地为运营商付出消费额一定比例的手续费。此外,若用户采取信用卡绑定 RF-SIM 卡消费的方式,则又可以拉动银行的信用卡业务,无论是手续费的收入,还是用户数据信息的获取,都将是银行从中获利的关键点。

从上文可以看出,日本手机支付的商业模式是以移动运营商为主导的,从手机支付对用户便利性、交易安全、成本结构以及国外经验来看,运营商与银行或第三方支付提供商合作的运营模式将会有良好的发展前景。而相比之下,拥有互联网延伸优势的第三方服务提供商,例如中国银联、支付宝等机构,在手续费、支付额度、支付种类,特别是银行间互联互通等方面存在一定优势,以第三方支付服务提供商为主体的运营模式的实现方式主要是由第三方机构建立统一的接入平台,各个机构之间通过分工合作来达成协议。例如第三方机构可以完全基于手机网络平移其在互联网上的电子支付业务,负责支付接口的通道管理,银行负责支付账户的管理,移动运营商负责手机支付网络通道。所以笔者认为以银行和移动运营商的紧密合作为基础,以第三方的协助支持为推动力的整合商业模式将是适合我国手机支付发展的运营模式。以第三方支付服务提供商为主体的运营模式可能更适合手机支付的产业环境。

经过前面的分析,我国现有手机支付商业模式主要有三种,即以运营商为主体的运营模式、以银行为主体的运营模式以及以第三方支付服务商为主体的运营模式,但无论哪种商业模式,其主要盈利模式只有三种,即前向用户服务费、结算手续费和后向商户服务费。

前向用户服务费:用户使用手机近距支付业务按月或者年收取的基本功能费或增值服务费用。一般来说主要包括数据流量费用、虚拟货币,以及相关的增值服务收费。

结算手续费:在手机近距支付用户使用手机支付业务进行的消费过程中,手机支付服务提供商向商户提供了结算服务,按协定收取一定的费用。

后向商户服务费:手机支付服务提供商利用自身的规模化用户资源为商户搭建商机拓展平台,通过为商户提供服务收取后向商户服务费。传统银行卡消费是一种7:2:1费用分成模式,这是手机支付产业可以借鉴的一种收益分配方式。这种模式在手机支付发展到一定时期后,通过发布方式的收费可能是其最主要的来源。

有分析认为,在发展初期,手机支付产业应以投入为主,但对一些基本的盈利模式一定要进行适当探索,具体的盈利方式则要随着用户规模的提升和服务能力的变化不断改进和优化。在发展初期可以通过资源和成本置换的方式加以发展,建议手机支付服务提供商首先通过发展市场,对用户和商户形成双向差异化的业务使用吸引,然后再进行盈利模式探索,培养其持续付费习惯,为后续市场的发展奠定坚实的基础。

第八章

物联网金融的风险研究

物联网技术将给金融业和实体经济带来诸多有利影响与非常广泛的市场应用,但物联网带来的风险也不容忽视。物联网是一个更开放的体系,单纯从技术上要将安全做到万无一失,并不那么现实。因此要从技术、制度和监管等方面去加以防范,如通过技术实现痕迹可查、数据不可篡改,以及完善制度和法制建设等。本章将重点研究物联网金融对传统风险的管控影响,探究物联网金融带来的新生风险,给出物联网金融风险管理及监管的对策建议。

第一节 物联网金融对传统金融风险的影响分析

传统金融风险主要包括信用风险、市场风险、流动性风险、操作风险等。互联网兴起之后,金融风险控制虽然也基于各种互联网技术,尽量做到降低风险以控制成本,提高控制效率,但始终还是依赖管理人员调查研究,根据经验指标,进行主观判断的主观管理模式。物联网金融连接实体经济和虚拟经济,其发展依赖物联网技术的应用,物联网技术让物说话,实现物与人、物与物的连接,获取实时客观信息,从而在金融界建立起客观信用体系,这对传统金融风险有着不同方向与程度的影响,本节将对物联网金融下传统金融风险进行分析和研究。

一、物联网金融降低信用风险

传统金融交易中的信用风险点很多,信息不对称问题在协议签订前与合约执行中都有可能出现。而物联网金融的发展使得金融业主观信用模式开始走向客观信用模式,极大地降低了因信息阻碍而产生的信用风险。

根据经济学"风险与收益对称"的基本原理,风险与收益成正比。其中,风险又可称为不确定性。由于信息不对称在传统金融环境中广泛存在,不确定性是普遍现象。不确定性与收益共生共存,承担风险是获取收益的前提,收益是承担不确定性的成本和报酬。而在物联网金融模式下风险与收益的关系将发生颠覆性变化,由于风险的确定性大幅提升,收益的确定性也可以得到显著提高,正如图8.1所示,风险收益曲线将会由传统金融的二、三象限迁移至一、四象限。第二象限为"不确定的收益",第三象限为"不确定的损失";第一象限为"确定的收益",第四象限为"确定的损失"。随着物联网技术的广泛应用,金融机构可以充分掌握交易客户的各类信息,消除"信息不对称"所带来的不确定性,使得"高确定性、高收益、低损失"的理想组合得以实现。在物联网条件下,金融机构面临的将是确定的环境,由于环境能尽可能地呈现确定性,所以能使风险大大降低,而使收益大大提高。金融机构可以根据自身风险偏好筛选市场上的客户,评估交易机会对应的损失可能性,主动选择具有"确定的收益"的交易机会,规避"确定的损失",使风险收益达到最优平衡,从而提高金融市场效率。

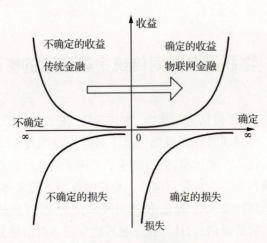

图8.1 收益风险图

信用风险总损失由预期损失及非预期损失组成,而传统金融及物联网金融模式的预期损失基本一致,因此二者的区别主要在于非预期损失。按照传统金融理论,违约概率在经济衰退期处于最大值,在经济繁荣扩张期处于最小值。传统金融模式与物联网金融模式在经济繁荣扩张期的正常违约概率均保持常态。但由于物联网金融模式处于风险与收益确定的环境,最大违约概率将低于传统金融模式。在相同信贷规模下,物联网金融模式下的银行所面临的企业贷款的违约概率将低于传统金融模式,非预期损失随之下降。因此物联网金融模式下的信用风险将低于传统金融。

(一)物联网金融将破解信用风险管理"两大瓶颈"

一是解决信息不对称问题。阿尔克洛夫和斯蒂格里茨创立的信息经济学指出,信息不对称会导致道德风险和"逆向选择"。借款人与金融机构信息不对称,容易产生逆向选择及道德风险,如银行贷款时动产重复质押等。物联网金融模式将解决"信息孤岛"和信息不对称现象,甚至可能达到经典经济学中所论述的"完全信息"状态。通过结合VR(虚拟现实技术)、区块链、RFID(无线射频识别)等技术,可实现对动产无遗漏的监管,实时监控抵质押品状态,使动产融资的"被动管理"变为"主动管理"、"事后追踪"变为"事先防范"。

二是解决信贷市场悖论问题。传统商业银行依赖抵质押品作为贷款增信工具。但抵质押品并不是"万能钥匙",反而可能导致"信贷悖论"。理论上,由于抵质押品加固了还款保障,风险排序应当是"信用贷款风险>保证贷款风险>抵质押贷款风险"。而实践中有时恰恰相反,不良贷款余额最大的为抵质押贷款,其次为保证贷款、信用贷款。产生信贷悖论的原因主要在于:银行发放抵质押贷款时,认为贷款者无法偿还贷款时可以以物抵债,放松了贷款"三查"。要解决信贷悖论,关键在于破除"抵押迷信"的路径依赖,打造"轻抵押"银行。随着物联网技术的应用,将为信用风险管理提供全新的技术手段。一方面,结合区块链技术使数据具有"分布式"储存和参与者共同维护等特点,提高了数据的有效性、准确性;另一方面,通过将信贷系统与工商、海关、税务、监管等部门的数据库相连,能够全面掌握企业信用状况变化,了解企业缴纳水电费、医保、社保、住房公积金和雇工情况等"软信息""活信息",有针对性地发放信用贷款。

(二)信用风险(违约概率)降低的主要意义

一是发挥节约资本作用。传统金融模式的信贷规模受资本约束限制,需留存足够资本用于覆盖非预期损失。由于物联网金融模式的违约概率下降,非预期损失减少,资本要求降低,银行业机构能够腾挪出更多资本空间,增强贷款发放能力,扩大信贷规模,为实体经济发展注入源头活水。

二是熨平经济周期波动。传统金融体系在不确定性环境下运转,具有

"亲周期性",与经济周期波动呈"强相关"。而物联网金融与经济周期呈"弱相关性"。在经济扩张期,物联网金融与传统金融的违约概率均保持不变;在经济衰退期,传统金融受经济周期波动的影响明显大于物联网金融。由于物联网金融消除了不确定性,经济衰退期的违约概率低于传统金融,非预期损失不会大幅增加,能够起到熨平经济周期的作用。

三是实现弹性风险计量。传统金融模式的信用风险计量主要通过标准法既定的权重计量风险加权资产;物联网金融模式掌握了借款人的"完全信息",可精确计量违约概率、违约损失率等指标,标准法将逐渐淡出,内部评级法将得到广泛应用。

二、物联网金融催使操作风险"两极端"分布

操作风险是指由于内部程序、人员和系统的不完备和失效,或由于外部事件造成损失的风险。按照发生的频率和损失大小,巴塞尔委员会将操作风险分为七类:(1)内部欺诈。有机构内部人员参与的诈骗、盗用资产、违犯法律以及公司的规章制度的行为。(2)外部欺诈。第三方的诈骗、盗用资产、违犯法律的行为。(3)雇用合同以及工作状况带来的风险事件。由于不履行合同,或者不符合劳动健康、安全法规所引起的赔偿要求。(4)客户、产品以及商业行为引起的风险事件。有意或无意造成的无法满足某一顾客的特定需求,或者是由于产品的性质、设计问题造成的失误。(5)有形资产的损失。由于灾难性事件或其他事件引起的有形资产的损坏或损失。(6)经营中断和系统出错。例如,软件或者硬件错误、通信问题以及设备老化。(7)涉及执行、交割以及交易过程管理的风险事件。例如,交易失败、与合作伙伴的合作失败、交易数据输入错误、未经批准访问客户账户,以及卖方纠纷等。

传统金融操作风险发生概率在0和1之间,风险损失由0趋向于无穷大。物联网的发展对于操作风险防控是一把"双刃剑"。物联网金融模式的操作风险处于0和1的"两极端"分布,风险损失服从离散型的0,1二项分布。

一方面,物联网金融增强了数据的客观性,很大程度上由物与物连接,交互反馈。这避免了人工录入、收集、分析的环节,而且物联网金融模式可发挥智能管理优势,将成为风险管理的"千里眼""顺风耳",实现覆盖各业务条线、产品条线、营业场所的"全方位"防控,提高操作风险防控水平,从而使操作风险损失趋于零。例如,通过RFID识别等技术,可对工作人员和来访人员

进行管理,监控现金柜、库房、机房等重要资产设备,提高了安防的可靠性。

另一方面,物联网金融模式潜藏操作风险引爆点。由于物联网实现了"万物互联",风险的"触发点"更多,加上传播范围更广、影响程度更深、传染速度更快,一旦发生操作风险事件,将引发"多米诺骨牌效应",产生绝对的操作风险,即操作风险发生,风险损失趋向于无穷大。

虽然理论上物联网万物互联的特点使得操作风险损失有趋于无穷大的可能,但从物联网金融的实际应用来看,物联网技术的运用更多的是使业务操作风险有效降低,使操作风险损失趋于0。

例如物联网金融下供应链融资业务中操作风险分为线下操作风险和线上操作风险。首先,在传统供应链融资中,线下授信审查和线下质押物监管会产生相应的操作风险。线下授信审查中,审查人一般以审查报告的形式提交结果,审查人的经验和道德责任水平等对检查结果有重要影响;质押物的线下监管中,金融机构与物流企业常处于异地,常要委托物流企业做全程质押监管,但对物流企业监督不足,质押物监管过程存在较多操作风险。物联网金融是一种"让物品说话"的金融模式,可以通过视频采集、条码识别、智能定位等多项数据采集技术控制上述操作风险。其次,供应链融资业务线上操作风险较大,存在人员、操作、系统和外部事件等操作风险。如由于线上操作人员权限划分不明、能力不足所产生的操作不当;由原始的"单体授信"到互联网金融的"批量准入",使得授信操作准确度降低;出现系统之间数据互换的准确度和及时度不足等等问题。物联网金融模式下的供应链融资操作系统,其智能的授信决策功能、标准化的操作流程规范、容错和错误预警机制以及各类系统无缝对接算法能够有效预防上述风险。

可见,物联网金融的发展和应用使得金融业务中操作风险呈现"两极端",要么不存在操作风险,风险损失为0,要么发生操作风险事件,风险损失趋于无穷大。而在"两极端"操作风险的基础上,取值概率极大地偏向0端,即可极大地降低操作风险发生概率。

三、物联网金融下市场风险增加

市场风险是指未来市场价格(利率、汇率、股票价格和商品价格)的不确定性对企业实现其既定目标的不利影响。市场风险可以分为利率风险、汇率风险、股票价格风险和商品价格风险,这些市场因素可能直接对企业产生影响,也可能通过对其竞争者、供应商或者消费者影响而间接地对企业产生影响。

物联网将扩大市场风险的内涵及外延。从内涵来看，物联网金融将推动金融市场"跨界融合"，市场业务规模不断扩大，交易量成倍增长，交易复杂程度显著提升，引发剧烈频繁的价格波动；从外延来看，金融业将加速发展信贷资产证券化、不良资产收益权转让等业务，实现从存量管理向流量经营，从持有型资产向交易型资产转变，从而扩大市场风险影响范围。

物联网将产生"共振效应"，增大市场风险。共振效应是指物体在周期性外力的作用下，当外力频率与物体自身振动频率趋同时，振幅达到最大，产生最大的效果。在金融领域，"共振效应"是指当市场上多种重要的利多或利空因素同时出现时，导致大幅上涨或重挫行情，引发市场风险。传统金融市场联结相对松散，有一定的风险隔离效果，市场风险传染性尚不显著。物联网金融具有开放性和跨时空性的特点，同业拆借、银行间市场、证券市场、外汇市场等将紧密相连，机构及客户将突破时空约束参与多个市场，信息传递速度更快，风险传染范围更广，使市场风险出现叠加，超预期的"黑天鹅事件"发生频率显著增加，甚至引发系统性、区域性风险。

另外，物联网将催生"蝴蝶效应"。"蝴蝶效应"来源于"混沌理论"，是指在一个动力系统中，初始条件的微小变化会造成系统巨大变化的现象。在物联网环境下，金融部门通过相互持有资产和负债，建立了千丝万缕的关系网络，市场联动日益密切。单一风险事件可能产生"蝴蝶效应"，通过传染路径迅速流转、不断放大，造成不同金融部门的连锁反应和金融市场之间的传染冲击，产生交叉耦合作用，危害呈几何级数增长。

四、物联网金融对其他风险的影响

物联网金融的发展除了极大地降低信用风险，通过建立客观信用体系，使得操作风险极端化，一定程度上增强市场联动，增大市场波动，使得市场风险增加外，对流动性风险、欺诈风险管控等其他金融风险也有不同程度影响。

对流动性风险的影响主要体现在线下金融机构流动性风险相对上升。物联网金融的线上支付转账以及业务开展，将使得线上交易平台成倍增加，应用范围进一步扩大，不仅加剧了线下存款的流失，同时，低交易成本，资金追逐高收益投资同质性加强，容易加剧存款数量的波动幅度。而且各市场及市场参与方的互联使得流动性风险传递更快。

除此之外，物联网金融能有效管控欺诈风险。例如，基于手机的移动支付中,有线与无线配合使用的双重验证提升了支付安全性,降低了黑客、不良商户、钓鱼网站等非法交易发生的频率。在不远的将来,还将通过指纹、虹膜、掌纹、掌静脉、声纹等独一无二的生物特征来验证用户身份,避免发生盗领、冒用等危害客户交易信息安全的事件。

物联网让金融体系从时间、空间两个维度上全面感知实体世界行为,追踪历史、把控现在、预测未来,让金融服务融合在实体运行的每一个环节中,依赖客观数据判断,总体来讲有利于促进对传统金融风险的有效管理。

第二节　物联网金融下新生风险的识别

虽然物联网金融能有效缓解信息不对称问题,建立起客观信用体系,对传统金融风险管控总体是有利的,但也随着物联网技术而产生新生风险,从物联网金融的层次划分,主要有感应层风险、网络层风险和应用层风险。从信息权利归属和行业标准的角度看,物联网金融发展也存在新生风险。

一、物联网技术不同层次的应用风险

感应层风险主要指各类信息源低效运行和感应设备失效故障,从而使感应层所采集信息不完整、不连贯、不准确而产生的风险。在物联网金融中,感应层的风险主要有电商数据不可靠的风险、市场信息不准确的风险等,感应层信息的客观准确性是物联网金融有效的前提,感应层风险的存在直接产生物联网信息作为证据的效力问题。金融机构依赖物联网技术产生的客观信息作为决策依据,如果信息源的信息不可靠,甚至错误,不仅无法做出有效的正确决策,甚至可能发出错误信号,产生严重的经济损失。

网络层风险主要指借助互联网技术对感应层信息实现远距离传输过程中,出现的信息滞后、泄露、丢失、篡改的风险。网络层风险的存在使得应用层不能及时得到全面、准确、客观的数据信息,对后续数据处理和科学决策产生重大影响。物联网金融缓解信息不对称的作用同样要依靠信息实时的准确共享,这样才能有效控制如动产融资中重复抵押等信用风险。

应用层风险主要指信息经传输分析后,提供金融决策、交易跟踪、风险监测等金融服务时,出现的操作失误问题、信息安全问题以及政策法规问题等。这一层次的风险主要是指参与各方合作经营中有可能破坏合作状态所产生

的风险。

二、信息权利复杂性增加物联网金融风险

高级形态的物联网与边沁、福柯论及的"圆形监狱"(panopticon)异曲同工。监狱四周是圆形建筑,被分割成许多小囚室,圆形中心是一座瞭望塔,可以看到囚室中的一切,而囚犯却看不到塔中的情形。即使塔中没有看守,囚犯们仍然感到监视压力。监狱也要接受外来的、无规律的经常性巡视,任何人都可以来此观看其运作,因而监视者本身也是被监视的。通过监视,监视者可以研究囚犯,总结更好地改造罪犯的狱政学知识,进而制定更科学的囚犯行为准则和改造方案。并且,监狱还进行公开化、仪式化的检查、评比和打分,对违规者进行准司法审判,对囚犯进行改造。在物联网中,任何人同样在"看"与"被看"中生活。感觉层收集信息,传到计算中心进行计算,形成科学的解决方案,它意味着"科学"的物和人的新行动规则。物联网覆盖整个社会,违规者能被物联网及时察觉和处理。

为了逐利,商家总有滥用物联网信息的冲动。对于个体而言,物联网接入的各种传感器很可能成为"监视""监听"的工具,为挖掘个人隐私创造新的商机,比如分析个体的穿着进而有针对性地促销。物联网的商业应用,可能极大地威胁到每个人的隐私。而传感器在何处设置、由谁来设置、怎样设置,谁能阅读哪些物联网信息,能在什么范围内利用这些信息,是否要经过信息提供者的运行才可利用它们……这些都非常复杂。比如,人们可能希望航空公司知道自己对于时间、座位、营运商等偏好而简化订票过程,但不希望商场通过分析偏好而不断地向自己推销商品。总之,物联网隐私和信息权利的复杂性加剧了物联网商业滥用的风险。

由此,物联网将增加知识产权领域的风险。从信息角度来看,信息加工和再创造可以产生新知识,许多初级知识实际是信息分类、综合和归纳的结果。通过数据挖掘、分析和专家系统获得知识,将成为物联网时代重要的知识生产方式之一。本来物联网信息所有权、使用权的问题就很复杂,物联网知识的产权归属就更加复杂。有的知识应该公开、共享,有的知识应该得到商业保护,有的知识属于不同级别的机密。在这种情况下,知识产权交易和技术转移更是错综复杂,风险很大。

目前来看,物联网金融的应用主要集中在动产质押、供应链金融、车联网等领域,但关于信息权利复杂性和知识产权的问题却已初现端倪并引起广泛

警觉。例如,在车联网平台建立的过程中,需进行车辆的物联网化升级,许多车主对物联网设备的安装积极性不高,这体现出人们对私有信息的一种保护意识,也提醒着车联网发展必须要考虑的信息安全隐私和信息权利归属问题。

三、行业标准体系缺失带来风险

物联网行业标准尚在建立与完善。物联网技术是一个多设备、多网络、多应用、互联互通、相互融合的巨大网络。在这个网络中既包含传感器、计算机,又有通信网络等,需要把所有相关系统联在一起,因此,所有的接口、通信协议都需要有国家标准来指引。由于各行业应用特点及用户需求不同,所以物联网技术标准规范的形成极其困难与复杂,标准的制定将是一个长期探索和不断完善的过程。目前世界上有相当数量的国家和技术力量正在积极地从事物联网方面的研究工作,中国在相关方面也取得可观的成果,在标准建立上取得一定先机,但物联网技术标准的完善还在进行中。

物联网金融是物联网技术在金融领域的应用创新,在物联网技术标准尚未完善的情况下,物联网金融领域各行业标准体系的建立更加滞后。无论是物联网银行业、物联网保险业、物联网证券业还是物联网融资租赁、物联网信托等金融领域的物联网应用,都没有行业标准为前提,一切尚在探索与摸索之中。物联网金融应用先行,必然有难以避免的风险点,这就要求在物联网金融业务开展中要谨小慎微,查缺补漏,及时填补规范,逐步建立标准。

第三节 物联网金融风险管理的对策和建议

一、技术层面

(一)突破关键核心技术

物联网金融的发展依靠物联网技术,掌握物联网核心关键技术是保证我国物联网金融安全健康发展的基础,也是进行物联网风险管理的前提条件。

首先,要研究低功耗处理器技术和面向物联网应用的集成电路设计工艺,开展面向重点领域的高性能、低成本、集成化、微型化、低功耗智能传感器技术和产品研发,提升智能传感器设计制造、封装与集成,多传感器集成与数据融合及可靠性领域技术水平。其次,要研究面向服务的物联网网络、体系构架、通信技术及组网等智能传输技术,加快发展 NB-IoT 等低功耗广域网基础和网络虚拟化技术。再次,研究物联网感知数据知识表达、智能决策、跨平台和能力开放处理、开放式公共数据服务等智能信息处理技术,支持物联网操作系统、数据共享服务平台的研发和产业化,进一步完善基础功能组件研发、应用开发环境和外围模块。例如,对于传感器技术,一方面试验生物材料、石墨烯、特种功能陶瓷等敏感材料,抢占前沿敏感材料领域先发优势;另一方面强化硅基类传感器敏感机理、结构、封装工艺的研究,加快各类敏感元器件的研发与产业化。

(二)广泛融合其他金融科技

物联网的价值主要在于以技术手段感知实体世界,以此完成信息采集,而当前由物联网技术所激发的包括物联网金融在内的多种创新商业模式,不仅依赖于前端数据收集,更在于数据真实性、准确性的保证,在于能够有效筛选、分析处理数据并将其应用到各个环节。《互联网进化论》一书将互联网比作人类大脑,提出物联网为感觉与运动神经系统,云计算是核心硬件层和核心软件的集合及中枢神经系统的萌芽,大数据则为信息层,是智慧和意识产生的基础。书中的描绘勾勒出各种金融科技融合应用的蓝图。物联网金融的实现亦需要广泛融合其他金融科技。

首先,物联网金融发展依赖于大数据技术的发展。当前我国大数据规模发展较快,在一定程度上为多种商业模式创新奠定了数据基础,但数据增长速度过快也带来了数据存储问题,提高了数据存储的成本。而在物联网金融应用中,前端感应设备收集海量数据,这需要依赖大数据技术的发展,寻求更加高效和成本更低的数据存储方式。

其次,数据的安全性与真实性依赖于区块链技术的发展。区块链技术是一种具备去中心化、高安全性、信用成本低、无法篡改和公开透明等特点的基于互联网的分布式账本技术。物联网金融模式结合区块链技术将颠覆原有的信息中心化模式,每一个电脑都是一个节点,系统中每个节点都可以直接交互。同时任意两个节点的交易信息都向全网加密传播,所有节点都以加密区块存储方式,按时间序列单独记录系统全部交易信息。这种记账方式就可以保证信息安全,不被篡改。理论上,每个节点数据都可能被"暴力"修改,但交易数据是分散到全网各个节点,单个节点的数据修改是不被全网认可的。只要不是控制全系统 50% 以上的计算能力,数据是无法被篡改的,而参与系统中的节点越多,计算能力越强,数据安全性越高。由此可见,区块链技术的应用对确保数据安全性与真实性有重大意义。

除此之外,物联网金融数据分析依赖云计算技术。云计算是传统计算机技术与网络技术发展融合的产物,是一种新兴的商业计算模型,拥有强大至每秒10万亿次的运算能力,且能够提供基于宽带互联网的大容量存储空间的备份服务,在预测市场发展趋势方面具有广阔的应用前景,因此对于物联网金融风险管理具有重要意义。在以区块链技术保证数据安全性、真实性及防篡改的前提之下,数据安全问题已经不再是云计算技术发展的难题。物联网金融应将云计算技术应用于物联网金融业务的开展中,物联网金融风险管理也依赖于云计算的超强计算能力,在业务中通过数据分析及时实时识别风险,达到风险管理的目的。

可见,要尽量规避物联网金融发展中因数据量大、数据安全真实难以保证、数据处理要求高等带来的业务风险,就要结合各种金融科技,以实现高效的物联网金融风险管理。

二、管理层面

(一)建构统一的物联网金融风险监管体系

物联网金融模式的运作要依靠物联网感知层和网络层的万物互联,依靠相应金融业务涉及领域的前端数据。物联网金融未来的发展也必将逐步深入到产业和消费者领域。据预测,到2025年,全球物联网供应和商业使用的市场规模将达到4万亿~11万亿美元的量级。物联网金融要深入广泛发展必然会和诸如智能工业网、智慧城市、智能交通等众多垂直领域融合协作,由此构建统一的物联网金融风险监管体系作为物联网监管体系的子系统,依托物联网监管体系,对物联网金融风险进行宏观监督管理具有重要意义。在物联网金融模式下,对金融风险的监管重心可放在系统性、整体性的金融风险上。

(二)打造物联网金融生态圈

良好的物联网金融生态圈是物联网金融健康发展的环境保障。物联网思维和技术在生产场景、生活场景的运用,实现了人人、人物、物物的互联新格局。这一新格局使得B端生产市场和C端消费市场的场景化、碎片化、动态化金融用户数据信息得到几何倍数的增长,为物联网金融的发展构建出以数据链为核心的金融生态圈。

物联网金融生态圈是一个由物联网金融供给者、物联网金融需求者、物联网金融中间服务者(外围中介服务、监管服务等)三者在多维生产场景、生活场景中构成的互为融合的有机统一体。物联网金融生态圈的打造是传统金融与物联网金融领域的创新,其中对于物联网金融供给者而言,在这个生态圈中发挥的作用就是要以物联网金融用户为中心,通过物联网思维和技术使金融服务最大化地满足用户的需求;对于物联网金融需求者而言,在这个生态圈中所发挥的作用就是要拥抱物联网发展大势,以物联网思维从事生产生活等经济社会活动,重视自身经济活动背后所产生的数据信用价值;对于物联网金融中间服务者而言,在这个生态圈中所发挥的作用就是要充分利用自身的禀赋优势构建好物联网软硬件基础设施,为物联网金融供求双方降低彼此的交易成本、提升彼此的交易效率服务。通过以上三者的融合发展,处理好物联网金融发展与稳定过程中的各类内外关系,确保物联网金融行业的协调、维护金融发展格局的稳定、提高金融服务实体经济的效率,为物联网金融的健康发展营造良好的内外部环境。

物联网金融生态圈的建立为系统性防范物联网金融风险,宏观上有效识别、干预、管理物联网金融风险提供了路径与方式。虽然物联网金融可降低非系统性风险,但系统性风险却可能有所增加,因此物联网金融生态圈的建立,加上统一的物联网金融风险管理体系和统一的物联网金融信息平台等系统性物联网风控管理模式的出现与构建,必然能加强物联网金融风险控制,重构金融机构在信贷业务风险控制、内部管理中的逻辑,把物联网金融服务延伸到各行各业,千家万户,使金融真正向实现普惠化、智慧化、精细化、场景化发展。

三、政策层面

(一)完善相关法律规范

物联网金融作为新生的业务形态,良好的发展需要全面、稳定的法律制度做保障。而当前相关法律法规、监管规则等还没有及时跟进,从而在物联网金融发展过程中出现了急需解决的问题。具体来说,主要包括市场准入问题、信息的安全性与保密性问题、客观信息的有效性问题等。

万物互联,海量数据需要健全安全性与保密性的法律法规。物联网虽然能实现实时监控,但是万物互联,却不能万物公开,哪些信息可以公开,哪些信息可以共享,哪些是个人隐私商业机密,特别是界限模糊的信息如何定义等,都是极其复杂的问题。为避免出现信息安全与保密问题或纠纷,以上问题要有明确的规定和边界。相关法律要及时跟进,保障信息的安全性、保密性。

物联网金融的发展壮大有赖于客观信息得以建立的客观信用体系,客观信息的有效性应得到相关法律保障。除了在技术层面保障数据客观性、安全性外,还应健全相关法律保证信息在传输的中间环节不会被篡改、复制、破坏,从而保证信息在物联网金融领域的客观性,而且客观信息数据有无独立权威机构的鉴定和认定,客观信息如何识别、提取、存储等也要有法可依,从而全面地保证客观信息的有效性。信息的客观性和保密性除了通过数据加密技术和信息隐藏技术等信息保密技术实现以外,还要依靠健全的法制环境。

(二)建立动产仓单认证登记制度

物联网金融破解动产抵质押困境,需要有动产、仓单的认证登记制度做保证。以平安银行仓单管理平台为例,货物卸载完形成仓单,平安银行试图把普通仓单打造成具备标准仓单属性的"准标单"。这种新型仓单将具备唯一性和排他性特点,同时拥有标准化程度高、流通性强等诸多优势。而此时需要权威机构对仓单进行认证、登记,从而提高仓单的信用度,实现仓单的高效流通,使得仓单融资路径更加广泛,不仅可从银行融资,还可通过仓单转让实现市场融资。自2007年10月《动产抵押登记办法》公布实施以来,国家经过多年的改革修订,基本形成了动产融资登记平台,然而面对抵押质押动产的多样化和业务扩展,未来还需进一步完善登记平台的登记品类、认证、程序等具体内容。

(三)打造物联网金融模式的金融安全网

物联网技术的广泛应用,让万物互联,高度智能化、便捷化、定制化催生智慧金融,因此物联网金融是"生态制胜、数据为王"的,金融业的经营方式将可能从客户为中心过渡到信息数据为中心,由物联网带来的数据将会是海量的,而且是异常复杂的、立体的、个性化的。其次,随着物联网技术的广泛应用,节点与节点的关联度增强,交互日益频繁,信息传递效率大大提升,信息交换的成本几近于零,信息获取的成本也几近于零,所以信息传递效率更多取决于节点的处理能力和传递意愿。物联网技术进入金融领域,规模很小的业务,通过无限加杠杆、零成本,极短时间内就可以放大作用效应,形成冲击。这意味着即使业务分散,也可能带来系统性风险。这一切源于物联网高度互联、规模互联、高效传递、零边际成本的特点。

物联网金融体系作为一个系统,是由相当数量的微观主体连接而成的,主体之间的交互反应、传感效应、反馈机制等综合作用,会成为风险的放大器,并通过网络间的交互式传染,将风险扩散出去。一个看上去强健的金融体系,有可能被证明是一个脆弱的系统。因此物联网金融的风险可能会对整个国家金融体系产生冲击。物联网金融模式虽然提升了金融的便利性和效率,但由此而来的是整个金融系统的脆弱性也相应提高,金融体系的安全性问题进一步凸显,由此可见,在物联网金融模式下,风险传播的速度、影响的范围远比传统经营模式要集聚和广泛。

为了保持整个金融体系的稳定,防患于未然,当某个或某些金融机构发生风险时,动员各种力量采取各种措施,防范危机向整个金融体系和其他经济领域扩散与蔓延,这样的保护体系可以形象地被誉为"金融安全网"。金融安全网的构建在一国的经济金融体系中,对于稳定金融秩序、维护公众信心,进而保护实体经济不受损害方面将起到关键作用。

金融安全网是保护金融体系稳定的一系列制度安排,是防范金融危机、降低金融机构风险的管理措施,是管理金融危机、防范危机蔓延或减轻其破坏性影响的约束机制。一般来讲,狭义的金融安全网局限于存款保险制度和央行最后贷款人职能,而当前被普遍接受的观点包括三个支柱,即前两者加上审慎监管框架。

物联网金融需要的审慎监管是在宏观上将监管目标上升到保护国家金融安全的地位;在微观方面,监管重心应由金融机构总体风险的防范延伸至对个体金融消费者风险的精准度量和防控上。

参考文献

[1] 张惠忠."示范区"建设背景下嘉兴市科技企业的融资创新[J].嘉兴学院学报,2018(02):40-44.

[2]《金融理论探索》2018年热点选题[J].金融理论探索,2017(06):80.

[3] 齐岳,刘婧仪,赵晨辉."十三五"规划下科技型中小企业网络融资服务平台构建研究——以天津为例[J].商业会计,2017(24):8-13.

[4] 沈杰.区块链:物联网安全的解决方案[J].中国信息界,2017(03):33-34.

[5] 潘娅媚.物联网技术对供应链金融业务的影响与对策[J].山东社会科学,2017(06):130-134.

[6] 李雯雯."数字化校园"向"智慧校园"发展的探索[J].电子测试,2016(20):151-152.

[7] 汪旭晖,张其林.基于物联网的生鲜农产品冷链物流体系构建:框架、机理与路径[J].南京农业大学学报(社会科学版),2016,16(01):31-41,163.

[8] 邵平.物联网金融与银行发展[J].中国金融,2015(18):16-18.

[9] 屈挺,张凯,罗浩,等.物联网驱动的"生产-物流"动态联动机制、系统及案例[J].机械工程学报,2015(20):36-44.

[10] 李继尊.关于互联网金融的思考[J].管理世界,2015(07):1-7,16.

[11] 江瀚,向君.物联网金融:传统金融业的第三次革命[J].新金融,2015(07):39-42.

[12] 李德升.物联网在保险领域的应用展望[J].金融电子化,2015(11).

[13] 肇启伟,付剑峰,刘洪江.科技金融中的关键问题——中国科技金融2014年会综述[J].管理世界,2015(03):164-167.

[14] 霍兵,张延良.互联网金融发展的驱动因素和策略——基于长尾理论视角[J].宏观经济研究,2015(02):86-93,108.

[15] 阙方平.物联网金融:一场新的金融革命正悄然来临[J].武汉金融,2015(01):21-24.

[16] 曹凤岐.互联网金融对传统金融的挑战[J].金融论坛,2015(01):3-6,65.

[17] 董伟.物联网在物流金融行业的应用分析[D].山东大学,2014.

[18] 徐杨,王晓峰,何清漪.物联网环境下多智能体决策信息支持技术[J].软件学报,2014,25(10):2 325-2 345.

[19] 董昀,李鑫.互联网金融的发展:基于文献的探究[J].金融评论,2014(05):16-40,123.

[20] 张军,梅仲豪.基于物联网技术的物流包装及其应用研究[J].包装工程,2014(17):135-139.

[21] 王金龙,乔成云.互联网金融、传统金融与普惠金融的互动发展[J].新视野,2014(05):14-16.

[22] 沈苏彬,林闯.专题前言:物联网研究的机遇与挑战[J].软件学报,2014(08):1 621-1 624.

[23] 毛燕琴,沈苏彬.物联网信息模型与能力分析[J].软件学报,2014(08):1 685-1 695.

[24] 皮天雷,赵铁.互联网金融:逻辑、比较与机制[J].中国经济问题,2014(04):98-108.

[25] 乔海曙,吕慧敏.中国互联网金融理论研究最新进展[J].金融论坛,2014(07):24-29.

[26] 高连周.大数据时代基于物联网和云计算的智能物流发展模式研究[J].物流技术,2014(06):350-352.

[27] 王念,王海军,赵立昌.互联网金融的概念、基础与模式之辨——基于中国的实践[J].南方金融,2014(04):4-11.

[28] 杨申燕.物联网环境下物流服务的创新与定价策略研究[D].华中科技大学,2014.

[29] 杨桃.基于互联网服务器架构的物联网平台研究[D].北京邮电大学,2014.

[30] 谢平,刘海二.ICT、移动支付与电子货币[J].金融研究,2013(10):1-14.

[31] 张春霞,彭东华.我国智慧物流发展对策[J].中国流通经济,2013(10):35-39.

[32] 季菲菲,陈雯,袁丰,等.高新区科技金融发展过程及其空间效应——以无锡新区为例[J].地理研究,2013(10):1 899-1 911.

[33] 刘澜飚,沈鑫,郭步超.互联网金融发展及其对传统金融模式的影响探讨[J].经济学动态,2013(08):73-83.

[34] 吴翌琳,谷彬.科技金融服务体系的协同发展模式研究——中关村科技金融改革发展的经验与启示[J].中国科技论坛,2013(08):134-141.

[35] 武建佳,赵伟.WInternet:从物网到物联网[J].计算机研究与发展,2013(06):1 127-1 134.

[36] 陈燕.基于物联网的金融服务业创新动力机制研究[D].天津商业大学,2013.

[37] 陈海明,崔莉,谢开斌.物联网体系结构与实现方法的比较研究[J].计算机学报,2013(01):168-188.

[38] 陈元志,陈劲.移动支付产业的商业模式研究[J].企业经济,2012(08):99-104.

[39] 胡苏迪,蒋伏心.科技金融理论研究的进展及其政策含义[J].科技与经济,2012(03):61-65.

[40] 胡永利,孙艳丰,尹宝才.物联网信息感知与交互技术[J].计算机学报,2012(06):1 147-1 163.

[41] 马兆婧.我国物联网监管法律制度研究[D].天津大学,2012.

[42] 张静静.面向物联网的互联网关应用研究[D].南京邮电大学,2012.

[43] 白炳波.物联网是互联网的继承和发展[J].物联网技术,2011(05):85-87.

[44] 洪银兴.科技金融及其培育[J].经济学家,2011(06):22-27.

[45] 李兴伟.中关村国家示范区科技金融创新分析与趋势预测[J].科技进步与对策,2011(09):33-37.

[46] 黄志雨,嵇启春,陈登峰.物联网中的智能物流仓储系统研究[J].自动化仪表,2011(03):12-15.

[47] 李旸,李芬萍."物联网"对商业银行供应链金融产品的几点影响[J].西部金融,2010(05):29-30.

[48] 蒋林涛.互联网与物联网[J].电信工程技术与标准化,2010(02):1-5.

[49] 周慧峰.3G时代的移动支付产业链模式探讨[J].信息通信,2010(01):69-71.

[50] 郭玉亭.非接触式移动支付的应用研究[D].对外经济贸易大学,2006.

[51] 物联网金融联盟.物联网白皮书(2016):物联网金融变革[R].2016-10-31.

[52] 2013—2017年中国金融信息化行业市场前瞻与投资预测分析报告[R].前瞻产业研究院,2013.

[53] 吴爱东,陈燕.基于物联网的金融服务业创新动力机制国际比较[J].现代财经(天津财经大学学报),2012(01):36-42.

[54] 肖燕飞,钟文彬.关于物联网优化供应链金融服务的思考[J].商业时代,2012(32):74-75.

[55] 武晓钊.物联网时代的金融服务与创新[J].中国流通经济,2013(07):21-24.

[56] 蒋洪印,李沛强.物联网金融及其在现代物流创新发展中的应用[J].商业时代,2014(10):20-21.

[57] 卢亚娟,刘骅,陈天烨.科技金融支持物联网产业创新发展的效率测算[J].上海金融,2014(11):82-85.

[58] 陆岷峰,虞鹏飞.互联网金融背景下商业银行"大数据"战略研究———基于互

联网金融在商业银行转型升级中的运用[J].经济与管理,2015(3):31-38.

[59] 南洋.信息时代下商业银行的转型与创新[J].现代管理科学,2016(6):76-78.

[60] 邵平.物联网金融法律问题研究及完善建议———以商业银行物联网金融业务为视角[J].银行家,2016(2):26-30.

[61] 李学民,龚鸿雁,宋敬林.物联网时代金融服务的切入点[J].中国城市金融,2012(3):44-46.

[62] 曹志鹏,刘刚.普惠金融时代我国金融生态环境演进及优化[J].西南金融,2015(5):21-24.

[63] 许良.物联网金融在大宗商品电子交易市场中的应用[J].中国流通经济,2016(01):64-69.

[64] 王和,吴凤洁.物联网时代的健康保险与健康管理[J].保险研究,2011(11).

[65] 冯晓玮,王成付,奚雷.物联网金融模式下供应链融资风险识别与控制[J].商业经济研究,2016(03):180-182.

[66] 刘芳.物联网金融试破动产融资难题[J].中国银行业,2016(05):93-95.

[67] 田东,孙东正.物联网金融在电子交易市场中的应用[J].现代营销(下旬刊),2017(08):280.

[68] 雨石.物联网刷新金融应用[J].金融电子化,2015(03):30-31.

[69] 王云,何明久.区块链与物联网的应用案例分析[J].集成电路应用,2018(03):70-74.

[70] 王京安,汤月,王坤.基于Citespace的技术机会发现研究——以物联网技术发展为例[J].现代情报,2018(02):130-137,170.

[71] 冯泽冰,方琳.区块链技术增强物联网安全应用前景分析[J].电信网技术,2018(02):1-5.

[72] 焦英楠,陈英华.基于区块链技术的物联网安全研究[J].软件,2018(02):88-92.

[73] 谭华,林克.物联网热点技术及应用发展分析[J].移动通信,2016(17):64-69.

[74] 武传坤.中国的物联网安全:技术发展与政策建议[J].人民论坛·学术前沿,2016(17):47-58.

[75] 江媛.物联网技术发展与应用[J].电子测试,2016(05):81,85.

[76] 沈同平,储节旺,高洁,等.近10年国内物联网研究热点分析[J].安庆师范学院学报(自然科学版),2016(01):52-57.

[77] 沈苏彬,杨震.物联网体系结构及其标准化[J].南京邮电大学学报(自然科学版),2015,35(01):1-18.

[78] 李如年.基于RFID技术的物联网研究[J].中国电子科学研究院学报,2009(06):594-597.

[79] 项有建.从互联到物联:物联网本质初探[J].软件工程师,2009(12):31-32.

[80] 孔晓波.物联网概念和演进路径[J].电信工程技术与标准化,2009(12):12-14.

[81] 沈苏彬,范曲立,宗平,等.物联网的体系结构与相关技术研究[J].南京邮电大学学报(自然科学版),2009(06):1-11.

[82] 邵威,李莉.感知中国——我国物联网发展路径研究[J].中国科技信息,2009(24):330-331.

[83] 王卫宏.物联网的发展与相关产业价值链[J].电信工程技术与标准化,2009(12):10-11.

[84] 王保云.物联网技术研究综述[J].电子测量与仪器学报,2009(12):1-7.

[85] 曲成义.物联网的发展态势和前景[J].信息化建设,2009(11):16-18.

[86] 黄孝斌.物联网应用实践[J].信息化建设,2009(11):21-22.

[87] 吴健.从M2M到物联网——智能化的未来[J].通讯世界,2009(11):29.

[88] 古丽萍.对于我国物联网应用与发展的思考[J].通信世界,2009(40):40.

[89] 施鸣.浅谈第三次信息革命"物联网"的起源与发展前景[J].信息与电脑(理论版),2009(10):71.

[90] 文洋.基于RFID技术的物联网探析[J].科技信息,2009(26):587.

[91] 陈宝震.物联网中的通信语言PML[A]//亚太射频识别技术协会.2007中国(第二届北京)国际RFID技术高峰论坛会论文集[C].亚太射频识别技术协会,2007:6.

[92] 宁焕生,张瑜,刘芳丽,等.中国物联网信息服务系统研究[J].电子学报,2006(S1):2514-2517.

[93] 甘勇.物联网中RFID中间件技术研究及实现[A]//亚太RFID技术协会.2006国际RFID技术高峰论坛会论文集[C].亚太RFID技术协会,2006:5.

[94] 张有光,杜万,张秀春,等.全球三大RFID标准体系比较分析[J].中国标准化,2006(03):61-63.

[95] 王宇.RFID造就"物联网"[J].软件世界,2005(01):55.

[96] GraceLiang.无线射频识别技术和物联网的发展与应用[J].金卡工程,2004(10):40-48.

[97] 强学刚.我国手机支付商业模式研究[D].北京交通大学,2011.

[98] 李嘉凯.中商集团手机支付业务的商业模式与应用[D].华中科技大学,2013.

[99] 陆睿敏,刘南君.二维码支付技术的应用现状及其对策研究[J].电子商务,2015(9).

[100] 陈荆花,王洁.浅析手机二维码在物联网中的应用及发展[J].电信科学,2010(4).

[101] 孙慧敏,霍妍妍.浅析大数据时代的精准营销[J].中国商论,2016(3).

[102] 范嵩. 现代物联网技术助力跨境电子商务模式升级的思考[J]. 中国市场, 2017(6).

[103] 严圣阳. 以物联网技术改善跨境电子商务模式的思考[J]. 对外经贸实务, 2015(5).

[104] 周路佳. 车联网技术在车辆保险领域应用的市场调查研究[D]. 浙江工业大学, 2014.

[105] 郁佳敏. 车联网大数据时代汽车保险业的机遇和挑战[J]. 南方金融, 2013(12).

[106] 陈志斌. 基于降低保险公司健康险赔付率的健康管理物联网模式研究[J]. 山西财政税务学校学报, 2014(16).

[107] 姚丽娜, 边宏宇. 基于物联网技术的保险产品创新探究[J]. 上海保险, 2016(2).

[108] 李德升. 物联网在保险领域的应用展望[J]. 金融电子化, 2015(12).

[109] 范永霞. 物联网金融概论[M]. 中国金融出版社, 2018.

[110] 周晨光. 揭秘: 物联网原理、实践与解决[M]. 清华大学出版社, 2017.

[111] 阙方平, 朱新蓉. 物联网金融制度变迁研究[M]. 中国金融出版社, 2017.

[112] 中国信息化百人会课题组. 信息经济崛起: "物联网+"时代产业转型路径、模式与趋势[M]. 电子工业出版社, 2017.

[113] 于斌, 陈晓华. 金融科技概论[M]. 人民邮电出版社, 2017.

[114] (美)克里斯·安德森. 长尾理论: 为什么商业的未来是小众市场(第4版)[M]. 中信出版社, 2015.

[115] 贝多广, 李焰. 普惠金融: 中国金融发展的新阶段[M]. 人民出版社, 2016.

[116] 宋羽. 普惠金融的发展路径: 基于小微企业融资的视角[M]. 经济科学出版社, 2016.

[117] 苏保祥, 易晓. 科技金融实践与创新[M]. 中国金融出版社, 2017.

[118] (美)保罗·西罗尼. 金融科技创新[M]. 中信出版社, 2017.

[119] 曾恒, 游士兵. 经济增长新引擎模式研究[M]. 科学出版社, 2017.

[120] 王馨. 互联网金融助解"长尾"小微企业融资难问题研究[J]. 金融研究, 2015(9): 128-139.

[121] 谢平, 邹传伟, 刘海二. 互联网金融的基础理论[J]. 金融研究, 2015(8): 1-12.

[122] 余来文, 封智勇, 孟鹰, 等. 物联网商业模式[M]. 经济管理出版社, 2014.

[123] 董新平. 物联网及其产业成长研究[M]. 中国社会科学出版社, 2015.

[124] 邵平, 刘海涛. 物联网与金融模式新革命[N]. 光明日报, 2014-05-29.

[125] 张伟. 互联网+普惠金融理论与实践[M]. 电子工业出版社, 2017.

[126] 胡朋娜. 金融物联网发展调查报告[J]. 长春金融高等专科学校学报,2014(4):71-82.

[127] Atzori, L., Iera, A. & Morabito, G. The Internet of things: A survey[J]. *Computer Networks*, 2010(15), 2 787-2 805.

[128] Lee, I. & Lee, K. The Internet of things (IOT): Applications, investments, and challenges for enterprises[J]. *Business Horizons*, 2015(4), 431-440.